LE FRANÇAIS QUÉBÉCOIS

Usages, standard et aménagement

Diagnostic réunit des ouvrages portant sur des questions de brûlante actualité et destinés au grand public. Les auteurs sont invités à y présenter un état de la question, à tenter de cerner le problème et à suggérer des éléments de solution ou des pistes de recherche, dans un langage simple, clair et direct.

Diagnostic veut informer, provoquer la réflexion, stimuler la recherche et aider le lecteur à se former une opinion éclairée.

Pierre Martel
Hélène Cajolet-Laganière

LE FRANÇAIS QUÉBÉCOIS

Usages, standard et aménagement

1996

INSTITUT QUÉBÉCOIS DE RECHERCHE SUR LA CULTURE

Les Presses de l'Université Laval reçoivent chaque année du Conseil des Arts du Canada et de la Société de développement des entreprises culturelles du Québec une aide financière pour l'ensemble de leur programme de publications.

Données de catalogage avant publication (Canada)

Martel, Pierre

Le français québécois : usages, standard et aménagement

(Diagnostic ; 22)
Comprend des réf. bibliogr.
ISBN 2-89224-261-4

1. Aménagement linguistique - Québec (Province). 2. Français (Langue) - Québec (Province). 3. Politique linguistique. 4. Français (Langue) - Français parlé - Québec (Province). I. Cajolet-Laganière, Hélène. II. Institut québécois de recherche sur la culture. III. Titre. IV. Collection.

PC3645.Q4M37 1996   306.4'49714   C96-940991-5

Conception graphique de la couverture : Deschamps Design

DIFFUSION DIMÉDIA
539, boulevard Lebeau
Ville Saint-Laurent (Québec)
Canada H4N 1S2
Tél. (514) 336-3941
Téléc. (514) 331-3916

À la mémoire de notre regretté collègue et ami,

Laurent Santerre

[...] On parle le français avec des différences. Alors cessons d'être complexés sur cette langue si nous voulons que ce français vive au Québec, qu'il ne se laisse pas submerger par l'anglais ou d'autres langues. Il faut absolument qu'on prenne les moyens de valoriser la langue, que des gens aient confiance en leur langue, qu'ils l'aiment assez pour la préférer à l'anglais, qu'ils l'aiment assez pour vouloir la parler plus correctement, qu'ils s'y intéressent, qu'ils l'aiment, que ce soit une langue châtiée [...]
(Laurent Santerre)

Remerciements

Nous tenons à remercier tout particulièrement Messieurs Jean-Denis Gendron, linguiste et président de la Commission d'enquête sur la situation de la langue française et sur les droits linguistiques au Québec ainsi que Jean-Claude Corbeil, linguiste et auteur du *Dictionnaire thématique visuel*, qui nous ont fourni, pour l'ensemble du texte, de nombreux commentaires fort judicieux.

Nous exprimons aussi notre gratitude à Mesdames Noëlle Guilloton et Monique Bisson et à Monsieur Normand Maillet, linguistes à l'Office de la langue française, à Monsieur Jacques Maurais, linguiste au Conseil de la langue française, à Madame Céline Beaudet et à Monsieur Louis Mercier, professeurs à l'Université de Sherbrooke, ainsi qu'à Madame Colette Mangin-Martel et à Monsieur Gérard Laganière, nos conjoints et amis, pour leurs remarques pertinentes concernant l'un ou l'autre aspect de l'ouvrage. Il va de soi que toutes ces personnes ne sauraient être tenues responsables d'éventuelles erreurs ou omissions de même que des opinions exprimées par les auteurs.

Nous remercions également de tout cœur nos étudiants et étudiantes qui nous ont fourni, pour l'un ou l'autre des chapitres, des données précieuses. Nous voulons souligner spécialement l'apport de Messieurs Paul Allard et Jean-Marie Lessard ainsi que de Mesdames Hélène d'Amours, Inès Escayola, Lyse Lajeunesse, Josée Mercier, Linda Pépin, Sylvie Thiboutot et Nadine Vincent.

Notre reconnaissance va enfin à Madame Suzanne Caumartin, qui a assumé la dactylographie et la mise en pages du manuscrit.

Liste des sigles utilisés

AQPF : Association québécoise des professeurs
et professeures de français

BDLS : Banque de données linguistiques
de Sherbrooke

BDTS : Banque de données textuelles de Sherbrooke

BTQ : Banque de terminologie du Québec

CATIFQ : Centre d'analyse et de traitement
informatique du français québécois

CIRELFA : Conseil international de recherche et
d'étude en linguistique fondamentale
et appliquée

CLF : Conseil de la langue française

CTOLF : Commission de terminologie de l'Office
de la langue française

DFP : Dictionnaire du français Plus

DQA : Dictionnaire québécois d'aujourd'hui

FTLFQ : Fichier du trésor de la langue française
au Québec

NPR : Nouveau Petit Robert

OLF : Office de la langue française

Introduction

Toute langue identifie le peuple qui la parle. Elle est de plus la représentation du monde et de l'univers que chaque culture a élaborée. Si cela se vérifie facilement d'une langue à une autre, il en est de même d'une variété d'une langue à une autre:

L'anglais ne dispose-t-il pas de deux présents, ayant chacun leur sens, là où le français n'en a qu'un? Si, en français, les cheveux sont dénombrables, ne constituent-ils pas en anglais une masse indistincte, ainsi d'ailleurs que les bagages? Et n'observe-t-on pas de semblables différences entre deux variétés d'une même langue: les consommateurs belges ont à leur disposition, pour contenir leurs achats, des sacs et des sachets; leurs homologues français ont des sacs et des poches. Mais les aires que couvre chacune de ces paires ne coïncident pas. [...] Le français est pluriel: on le découvre aujourd'hui. Il l'est d'abord par ses formes — comment en irait-il autrement, puisqu'une langue est une constellation de ressources linguistiques, répondant à des besoins distincts, et mises en œuvre dans des stratégies très différenciées? — Mais pluriel, il l'est surtout par les situations qu'il permet d'exprimer (Klinkenberg 1993: 3, 12).

Le Québec est le seul pays francophone en dehors de l'Europe où le français est la langue maternelle de la grande majorité de la population[1]. La conscience linguistique des Québécois et Québécoises est ancienne; mais, depuis les années 1960, la question linguistique occupe une place de tout premier plan dans les préoccupations de la société québécoise. De cette prise de conscience collective est apparu le besoin de mettre sur pied une politique linguistique, processus primordial pour assurer la survie du français au Québec ainsi que sa qualité. De grands pas ont été faits depuis pour donner au français le statut social qui lui revient au Québec (aménagement du statut); il reste cependant beaucoup à faire pour augmenter la qualité de la langue.

13

La langue utilisée au Québec est-elle une variété du français, un français régional ou national, ou encore une langue à
part entière ? Il ne devrait faire aucun doute dans nos esprits
que la langue des Québécois et Québécoises est un français qui
comporte une multitude de traits communs avec le français écrit
et parlé en France. De fait, peu d'écarts concernent la morphologie et la syntaxe ; en revanche, ils sont nombreux en ce qui a
trait au lexique et à la phonétique. À cette variété d'ici, nous
donnerons le nom de *français québécois*.

Au Québec, la description de cette variété de français prend
deux formes. Une première tendance cherche à comparer les
variétés régionales à la variété centrale (France) pour en retra-
cer les particularismes : la méthode est dite différentielle. Une
deuxième tendance insiste sur l'indépendance des variétés nationales (québécoise, belge, etc.) et leur description comme français distinct : la méthode vise à une description complète ou
globale. La première approche est abondamment pratiquée ; la
seconde, plus récente, mérite d'être mieux illustrée.

Au Québec, la langue officielle est le français, mais la
Charte de la langue française ne dit pas de quel français il s'agit.
À défaut d'une description du français québécois, le français
qui sert de référence[2] est celui de France, c'est-à-dire celui des
dictionnaires fabriqués en France. Mais lors d'une cause enten-
due au tribunal de Québec, en 1985, le juge conclut que tout ce
qui ne figure pas dans les dictionnaires faits en France n'est pas
nécessairement fautif (voir p. 63). Alors quelle est la norme de
ce français québécois, et d'abord qu'entend-on par norme ?
Existe-t-il une norme unique ou ne devrions-nous pas plutôt
parler de normes au pluriel ? On sait qu'une certaine élite, la
bourgeoisie cultivée de Paris, détermine la norme en France.
En effet, le parler de la bourgeoisie de Paris sert de référent
pour la prononciation ; les bons auteurs, pour le vocabulaire, la
morphologie et la syntaxe (Grevisse). On peut alors se demander quel groupe social, au Québec, pourra porter un jugement
sur l'usage devant constituer la norme du français utilisé au
Québec.

À la fin de notre premier volume, *La qualité de la langue
au Québec*, nous avons posé un certain nombre de questions
touchant la qualité de la langue :

1. Quelle langue nous permet à la fois de communiquer notre expressivité et notre identité tout en restant des francophones à part entière?
2. Quelle norme devons-nous enseigner dans les écoles?
3. Quels sont les écarts qui doivent être reconnus comme appartenant au bon usage du Québec?
4. Les éléments lexicaux de la langue, tels les anglicismes, la féminisation, les québécismes et autres particularités, doivent-ils être reconnus ou condamnés?
5. Qui a le pouvoir de trancher en matière de langue?

Il s'agit là de questions de fond touchant la norme, la reconnaissance du français québécois, de son standard[3] et de son officialisation dans des ouvrages dictionnairiques reconnus.

Nous avons aussi démontré que la langue française au Québec a connu une évolution différente de celle de France. Le linguiste Jean-Denis Gendron parle d'une quadruple influence dans son développement : d'abord, le français et ses patois y ont laissé de nombreux archaïsmes et dialectalismes; puis quelques dizaines d'amérindianismes se sont implantés; ensuite, compte tenu des besoins du milieu physique, un certain nombre de néologismes se sont imposés; finalement, l'évolution des milieux politique, culturel et économique a donné lieu à un grand nombre d'emprunts à l'anglais et à des québécismes d'adaptation.

Mais, à la fin des années 1960, le débat passa de la qualité de la langue à celui, jugé alors plus fondamental, de la survie même du français au Québec. Les Québécois francophones ne représentant que 2 % des habitants du continent nord-américain, leur langue devenait de plus en plus menacée, et l'anglais gagnait du terrain sur le territoire québécois. La Révolution tranquille a permis au peuple québécois de prendre conscience des problèmes d'assimilation linguistique, et des mesures furent prises pour que le français devienne la «langue normale et habituelle du travail, de l'enseignement, des communications, du commerce et des affaires» (préambule de la Charte). À ces interventions conscientes de planification et de «régulation» de la langue, on donne le nom d'*aménagement linguistique*.

Dans un premier sens, l'aménagement linguistique désigne toute intervention dans les relations entre les langues en présence

Il fallait intervenir légalement.

sur un territoire donné; c'est l'aménagement du statut de la langue, le plus souvent fait au moyen de lois et de règlements qui s'appliquent à des domaines précis: affichage, étiquetage des produits, raisons sociales, et autres.

Le second sens rattaché à l'aménagement de la langue s'applique à la langue elle-même (le corpus). Il désigne les phénomènes qui se rapportent à la manière dont la variation d'une langue s'est structurée par l'émergence d'une norme (Corbeil 1987: 564). Il cherche de plus à développer les ressources internes de la langue pour qu'elles puissent être utilisées efficacement. Ces deux sens du concept de l'aménagement linguistique sont étroitement liés (CLF 1990c: 11).

L'aménagement de la langue englobe donc toute intervention, quelle qu'elle soit, destinée à modifier l'évolution de la langue dans une communauté linguistique donnée. Dans la plupart des cas, l'aménagement de la langue a pour objet la description de l'usage dans les communications publiques, institutionnelles ou officielles. Il s'agit en fait de l'explicitation d'un bon usage parmi les multiples usages que comporte habituellement une même langue. De plus, pour que les interventions soient efficaces, elles doivent reposer sur un consensus social. Au Québec, l'aménagement de la langue a pour objet principal l'explicitation d'une norme privilégiée, d'un modèle, d'un «standard».

Néanmoins, si l'on peut légiférer pour imposer l'utilisation d'une langue et pour rétablir les rapports de force entre les langues en présence, on ne peut adopter des lois pour imposer la qualité d'une langue. Il faut par conséquent élaborer des stratégies particulières. Quels sont donc les moyens à privilégier pour aménager la langue au Québec et pour définir un certain standard de qualité? En effet, on ne peut pas légiférer pour obliger les gens à utiliser «correctement» la langue. Aussi faut-il se tourner vers l'instrumentation. De fait, il importe de doter le Québec d'ouvrages langagiers appropriés (manuels, guides...), de manière à ce que les gens puissent faire des choix linguistiques éclairés quand plusieurs usages sont en concurrence, et ce, compte tenu du public visé et des types de communication utilisés. La production de grammaires, de dictionnaires, d'ouvrages sur la prononciation, sur la syntaxe, etc., est essentielle pour arriver à décrire et à promouvoir un usage linguistique à privilégier, au Québec, dans certaines situations de discours.

Dans notre premier ouvrage, nous faisons état de l'opinion publique en ce qui a trait à sa perception de la qualité de langue au Québec. Pour ce faire, nous avions dépouillé sur un horizon de 33 ans le journal *La Presse*, et avions relevé tous les articles touchant l'un ou l'autre aspect de cette question. Nous avons fait de même en ce qui a trait à l'aménagement de la langue au Québec. Autant les gens se sont prononcés sur la qualité de leur langue, autant ils sont très discrets en ce qui touche l'aménagement de celle-ci. En effet, la notion d'aménagement de la langue est très peu présente dans les textes journalistiques : elle s'apparente dans la majorité des cas à l'intervention de l'État pour améliorer la langue des Québécois et Québécoises. Selon ces derniers, il revient à l'État d'intervenir dans ce sens. L'expression même d' «aménagement linguistique» a été créée par Jean-Claude Corbeil, en 1972, pour traduire en français le concept américain de «language planning».

Les Québécois et Québécoises veulent une langue qui leur soit propre.

Tous les éléments d'un discours normatif sont présents dans les textes journalistiques étudiés. On dénonce les fautes touchant la langue parlée et écrite au Québec. On cherche et on désigne des coupables ; on fait état de l'insécurité linguistique des Québécois et Québécoises ; on limite le français québécois à une langue populaire et familière. Néanmoins, certains articles ouvrent des pistes intéressantes ; on note l'importance de définir une ou des normes pour le français québécois. On précise que l'absence de cette norme entraîne au Québec une insécurité linguistique. D'où l'importance de légitimer les usages québécois (ou un certain nombre d'entre eux). On revendique une langue québécoise nationale ; on affirme que le français international[4] est pour les Québécois et Québécoises une langue artificielle. On précise par ailleurs l'importance de tenir compte des niveaux de langue ou niveaux de communication dans la définition d'une norme. Enfin, on se porte à la défense de la langue québécoise ; on revendique le droit d'avoir sa propre langue, sa propre norme, ses propres modèles et on rejette le français international comme seul modèle.

L'opinion publique confond aménagement de la langue et qualité de la langue.

Ainsi que nous l'avons fait dans notre premier ouvrage consacré à la qualité de la langue au Québec, nous allons tenter ici de poser un diagnostic véritable faisant état des actions, des idées et des efforts consentis au Québec afin d'aménager la langue ainsi que des résultats obtenus.

Dans le premier chapitre, nous faisons voir quelle a été la première manière d'aménager la langue parlée et écrite au Québec. Il s'agit d'un aménagement spontané, non planifié de la langue, représentant comme une suite à l'évolution du français au Québec, un aménagement dicté par le sentiment d'insécurité linguistique des Québécois et Québécoises.

Dans le second chapitre, nous nous interrogeons sur les retombées des lois linguistiques, sur l'aménagement de la langue elle-même et sur les réalisations de l'Office de la langue française en ce sens. Cet aménagement est planifié, mais orienté essentiellement vers l'aménagement terminologique de la langue en fonction du statut défini par ces lois.

Dans le troisième chapitre, nous faisons état des réflexions théoriques sur l'aménagement de la langue au Québec. Qu'ont dit les spécialistes, les linguistes et les organismes de la langue à ce sujet?

Enfin, dans le quatrième et dernier chapitre, nous présentons notre propre plan d'aménagement de la langue, compte tenu de trois objectifs principaux: rester des francophones à part entière, reconnaître officiellement nos spécificités, expliciter et illustrer la norme du français québécois.

1. Dans les pays francophones d'Afrique, le français est la langue apprise à l'école et joue le rôle de langue seconde par rapport aux langues nationales.
2. Le *français de référence* correspond au noyau de la langue (mots, sens, emplois...) largement employé par les francophones. Ce français de référence est celui auquel se «réfère» tout francophone, qu'il soit Français, Belge, Suisse, Québécois, etc. C'est le français décrit par les principaux dictionnaires d'usage fabriqués en France, moins les mots, les sens, les emplois... d'usage restreint et marqués à l'aide d'indication limitative, comme «régional», «vieilli», «au Canada», etc. Le *français de référence* sert de point de comparaison et ne constitue pas en soi la norme du français.
3. Par standard, nous faisons référence à un usage valorisé, servant de modèle, et utilisé dans tout genre de communications publiques et officielles.
4. Le *français international* ne correspond à aucun usage réel dans la francophonie. Cette expression, en quelque sorte euphémique, est par ailleurs souvent utilisée pour éviter l'emploi de l'expression *français de France*.

1

Un aménagement spontané, non planifié

Les Québécois et Québécoises ont été et sont encore en position d'infériorité ou d'insécurité[5] linguistique. Il y a, en effet, un véritable divorce entre le modèle de la langue et l'usage réel de la langue au Québec. Ce fut là un des premiers constats du bilan sur la qualité de la langue au Québec (voir notre premier volume, p. 152 et suivantes). Nous avons aussi constaté que les Québécois ont eu le réflexe de sortir de cette situation linguistique «insoutenable» et ont cherché les moyens de résoudre ce profond malaise linguistique. Le premier remède envisagé fut d'adopter le modèle linguistique de la France et de rejeter l'usage québécois pour le bannir et l'avilir. Cela ressort avec force lorsque nous faisons un bilan de la lexicographie québécoise du XVIIIe siècle à nos jours. Nous avons retenu les ouvrages qui ont le plus marqué l'histoire des interventions des Québécois en vue de changer l'évolution de leur langue. Nous verrons que cette première phase de l'aménagement de la langue au Québec est désordonnée et non planifiée. Elle consiste essentiellement en l'autodépréciation des pratiques linguistiques, à laquelle est souvent associé un souci de correction excessif. La très grande majorité des ouvrages recensés ont pour but de relever les fautes, les locutions vicieuses et les anglicismes les plus fréquents et d'inciter les Québécois à se corriger. Une minorité d'ouvrages, plus récents, sont de type descriptif.

Dès la période de la Nouvelle-France, le français d'Amérique est comparé au français de France.

Le français en Amérique s'est distingué du français de France dès le régime français. Dans notre premier volume (chapitre 2), nous avons montré que la langue, à la veille de la conquête

La première comparaison entre le français d'ici et celui de France remonte à la Nouvelle-France.

19

anglaise, était un français fortement teinté de dialectalismes, autrement dit que le problème de la qualité de la langue existait déjà en terre laurentienne.

Dans ce contexte, il n'est pas étonnant de constater que le premier relevé portant sur le français de la Nouvelle-France et remontant au milieu du XVIIIᵉ siècle traitait des particularismes de vocabulaire du français d'ici. Entre 1743 et 1758, Pierre-Philippe Potier, missionnaire jésuite d'origine belge, relève environ 2000 expressions ou mots particuliers à la Nouvelle-France. Son recueil, conservé sous le titre *Façons de parler proverbiales, triviales, figurées, etc. des Canadiens au XVIIIᵉ siècle,* est de nature descriptive et il ne fut publié qu'en 1904 par la Société du parler français au Canada. L'auteur relève des particularités langagières d'origine gallo-romane, dont plusieurs sont encore en usage au Québec : *ripe, grouiller, licher, mouiller, icit, abrier...* De plus, il rend compte de nos premiers néologismes (mots, expressions et sens créés au Québec depuis la Nouvelle-France) : *traîne, poudrerie, carriole, bordée de neige, branler dans le manche...* L'intention de l'auteur n'était pas normative, mais uniquement descriptive.

De 1759 à 1960 : des interventions sur la langue ont pour but d'épurer le français d'ici et de l'aligner sur le français de Paris.

Au début du XIXᵉ siècle (1810) est rédigé un deuxième recueil descriptif d'écarts ; il est intitulé *Néologie canadienne ou Dictionnaire des mots créés en Canada...* (ouvrage inachevé). L'auteur, Jacques Viger, décrit quelque 400 mots ; il distingue en outre trois types de mots : les mots créés au Canada, les mots à orthographe et à prononciation différentes de celles ayant cours en France et il atteste, pour la première fois, 25 **anglicismes.** Il introduit de plus certains éléments de géographie linguistique, révélant, par exemple, que *bouilloire* se dit *canard* à Montréal et *bombe* à Québec. On décèle déjà chez lui une tendance «puriste». Comme ce fut le cas pour le manuscrit du père Potier, l'ouvrage de Viger fut publié tardivement, soit au début du XXᵉ siècle par la Société du parler français au Canada (1909).

Au cours de la deuxième moitié du XIXᵉ siècle, l'intention normative prend nettement le pas sur l'objectif descriptif. À partir de ce moment, et pendant toute cette période (et même jusqu'à nos jours), bon nombre d'auteurs rédigent des ouvrages normatifs dans le but d'épurer la langue au Québec. Ils incitent leurs lecteurs et lectrices à se corriger et, à cette fin, ils dressent des listes interminables de canadianismes, d'anglicismes, de barbarismes, de fautes, de locutions vicieuses, etc.

Comme nous l'avons vu dans notre premier ouvrage consacré à la qualité de la langue, au lendemain de la Conquête de 1759, l'anglais est devenu la langue dominante du monde des affaires et de l'administration. Il n'est pas tellement surprenant de constater alors une prolifération de recueils et d'ouvrages combattant les anglicismes. À cet égard, le titre *L'anglicisme, voilà l'ennemi* (1880), de Jules-Paul Tardivel, est fort éloquent du genre qu'il illustre ! La quantité de ces ouvrages est impressionnante et il est impossible de les citer tous. À titre d'exemples, nous en mentionnerons quelques-uns, dont le caractère est nettement correctif.

Le seul modèle : le français de Paris

PROLIFÉRATION D'OUVRAGES ET DE RECUEILS COMBATTANT LES ANGLICISMES ET AUTRES IMPROPRIÉTÉS

1841. MAGUIRE, abbé Thomas. *Manuel des difficultés les plus communes de la langue française, adapté au jeune âge et suivi d'un recueil de locutions vicieuses*, Québec, Fréchette & Cie, 184 p.

Une liste de difficultés

L'auteur présente un recueil de quelque 240 locutions vicieuses accompagnées de leur équivalent en français de France. L'auteur fait preuve d'un purisme poussé et d'une ferme volonté d'aligner le français québécois sur la langue de la mère patrie.

1860. GINGRAS, J. F. *Recueil des expressions vicieuses et des anglicismes les plus fréquents*, 47 p. ; 2ᵉ édition, 1867, *Manuel des expressions vicieuses les plus fréquentes*, 77 p., Imprimerie du Canada ; 3ᵉ édition, Ottawa, 1880.

Cet ouvrage recense 400 expressions vicieuses, surtout des anglicismes, notamment dans le domaine de l'imprimerie. Dans ce manuel, la dénonciation de l'anglicisme devient le premier but de l'auteur. Le *Dictionnaire de l'Académie* a été son principal guide pour repérer les fautes contre la langue française.

Des expressions vicieuses

1880. CARON, Napoléon, abbé. *Petit vocabulaire à l'usage des Canadiens français, contenant les mots dont il faut répandre l'usage et signalant les barbarismes qu'il faut éviter pour bien parler notre langue,* Trois-Rivières, Journal des Trois-Rivières, 63 p.

Il s'agit d'un recueil de type normatif regroupant quelque 1000 expressions fautives parmi les plus répandues au Canada avec, en regard, les bonnes expressions françaises. À titre d'exemples, pour *banc- lit,* «sorte de siège [sic] sans bras et sans dossier qui peut servir de lit de repos», on recommande de «ne pas dire *bed*»; de même, «ne pas dire *black-eye*» mais *œil poché*; ni «*batteux*», mais *batteur*.

1881. MANSEAU, J. A. *Dictionnaire des locutions vicieuses du Canada avec leur correction suivi d'un Dictionnaire canadien,* Québec, J.-A. Langlais, 118 p.

Ce travail consiste en la première partie d'un ouvrage qui n'a jamais été complété. Ses 500 articles (commençant tous par la lettre A) sont accompagnés de variantes de prononciation et d'exemples tirés du langage populaire. Dans cet ouvrage, l'auteur pourfend l'anglicisme «cette sangsue aux mille ventouses». C'est un cri d'alarme qu'il a voulu lancer et il a été un de ceux qui ont largement contribué à semer l'inquiétude dans l'esprit de leurs contemporains.

1890. LUSIGNAN, Alphonse. *Fautes à corriger, une chaque jour,* Québec, Darveau, 179 p.

Cet ouvrage contient 366 articles où sont corrigées plus de 500 fautes relevées surtout dans les journaux français du Canada.

1896. RINFRET, Raoul. *Dictionnaire de nos fautes contre la langue française,* Montréal, Beauchemin, 306 p.

Ce dictionnaire contient près de 4000 articles faisant état de fautes contre le français avec leur correction: erreurs orthographiques, grammaticales et de prononciation. L'auteur offre une répétition peu originale de Maguire, Caron, Manseau et autres.

1914. BLANCHARD, Étienne. *Dictionnaire du bon langage,* Paris, Librairie Vic et Amat, 316 p. [...]; 8e édition, Montréal, Les Frères des écoles chrétiennes, 1949, 318 p.

Ce dictionnaire est très normatif. Dans les 3000 entrées de son ouvrage, l'auteur relève des mots anglais, des archaïsmes, et parfois même des particularismes à conserver. On y retrouve également des exemples de traductions d'affiches et la traduction de pièces du domaine de l'automobile.

Bref, tous les ouvrages qui appartiennent à cette catégorie ont eu pour objectif fondamental de corriger l'un ou l'autre aspect de la langue :

- erreurs de morphologie, d'orthographe, de syntaxe ;
- fautes de prononciation ;
- anglicismes, dialectalismes, etc.

Pour tous ces auteurs, la norme à suivre ici est celle du français de France, c'est-à-dire la norme de Paris.

La description du français d'ici devient le souci premier de certains auteurs.

Par ailleurs, il faut noter qu'à partir de 1880 quelques auteurs, tout en poursuivant un but d'épuration de la langue, ajoutent le souci d'une description de la langue réellement utilisée ici. Certains d'entre eux se font les défenseurs du droit des Québécois et des Québécoises d'utiliser leurs particularités langagières à l'oral, et parfois à l'écrit, si cela est nécessaire pour exprimer des réalités difficiles à décrire avec les mots du français de Paris. Ces ouvrages conservent encore aujourd'hui une grande valeur documentaire grâce à la qualité de leur description. Certains ouvrages, devenus rares, ont été réédités il y a quelques années. Voici une liste sélective de ces ouvrages.

SÉRIE DE DICTIONNAIRES ET DE GLOSSAIRES ALLIANT CORRECTION ET DESCRIPTION

Au XIXe siècle

1880. DUNN, Oscar. *Glossaire franco-canadien et vocabulaire de locutions vicieuses usitées au Canada*, Québec, A. Côté & Cie, 199 p. ; réimprimé en 1976 aux Presses de l'Université Laval.

L'ouvrage comporte 1750 articles qui décrivent des archaïsmes et des dialectalismes du français québécois. L'auteur relève des anglicismes, des expressions vicieuses et des fautes de prononciation. Cet ouvrage représente le véritable début de la lexicographie québécoise, même s'il contient encore une vision «puriste», comme l'exprime la seconde partie du titre. La présentation, le traitement et l'ampleur des matériaux traités lui valent cette place.

1894. CLAPIN, Sylva. *Dictionnaire canadien-français ou Lexique-glossaire des mots, expressions et locutions ne se trouvant pas dans les dictionnaires courants et dont l'usage appartient surtout aux Canadiens français*, Montréal, Beauchemin & Fils, 389 p., réimprimé en 1974 aux Presses de l'Université Laval.

La description
objective de la
langue s'accentue.

Ce dictionnaire présente un relevé semblable au glossaire de Dunn, mais avec un nombre beaucoup plus grand d'entrées. Il contient 4136 mots classifiés selon les catégories suivantes : termes du vieux français conservés au Canada (archaïsmes) ; formes particulières à celles de la province de France d'où sont venus les colons au Canada (dialectalismes) ; mots français prenant un autre sens au Canada, mots nouveaux créés au Canada, avec un certain nombre de mots tirés de la langue anglaise ou amérindienne. L'auteur ajoute aux définitions des détails encyclopédiques intéressants en rapport avec les us et coutumes du Québec (voir *guignolée, habitant, sucrerie*...). Il a le souci de procéder à une description objective de la langue, et se fait le défenseur d'un bon nombre de mots (notamment les archaïsmes du français) «qu'on ne trouve pas, il est vrai, dans le *Dictionnaire de l'Académie*, mais qui n'en sont pas moins, pour cela, essentiellement corrects au point de vue du génie de la langue française et de la grammaire» (préface).

Au XXᵉ siècle

1909. DIONNE, Narcisse-Eutrope. *Le parler populaire des Canadiens français*, Québec, Laflamme & Proulx, 671 p. ; réimprimé en 1974 aux Presses de l'Université Laval.

Ce glossaire est le plus considérable paru jusqu'alors ; il contient 15 000 mots et expressions avec de nombreux exemples. Des développements intéressants accompagnent certains mots, comme *aboiteau, cheniquer*... Il offre un avant-goût du *Glossaire du parler français au Canada*.

1930. Société du parler français au Canada. *Glossaire du parler français au Canada*, Québec, L'Action sociale limitée, 709 p. ; réimprimé en 1968 aux Presses de l'Université Laval.

L'ouvrage est un condensé d'un fonds de plusieurs milliers de données lexicales résultant d'une vingtaine d'années de recherches effectuées par une centaine de collaborateurs réguliers sous la direction de la Société du parler français au Canada. Le corpus se compose de mots et de locutions en usage dans la province de Québec, mais non admis en français de France. L'ouvrage, de par la quantité énorme de matériaux qu'il renferme, dépasse tout ce qui avait été publié jusqu'alors. Il constitue le «monument» de la lexicographie québécoise. Il est aussi celui qui donne l'image la plus complète du français québécois populaire, donc du français parlé, au début de ce siècle. Il fallut près de 25 ans pour rédiger le *Glossaire du parler français au Canada*. La parution de ce glossaire marque une étape très importante dans l'histoire des études lexicographiques du Québec; il demeure encore un ouvrage de référence important : «C'est principalement en tant que «témoin de son temps» que le *Glossaire* présente encore de l'intérêt aujourd'hui. Et cet intérêt historique est d'autant plus grand que sa description porte sur les emplois caractéristiques de la langue orale du tout début du XXe siècle, un état du français québécois dont les écrits de l'époque ne peuvent que très imparfaitement rendre compte» (Mercier 1992: 21). Le *Glossaire* comporte toutefois un certain nombre de faiblesses. Par exemple, les matériaux recueillis proviennent d'enquêtes par correspondance auprès d'observateurs amateurs, d'où un certain nombre de lacunes par rapport à la réalité langagière de l'époque.

Le monument de la lexicographie québécoise

Il faut néanmoins souligner le mérite des artisans de cette œuvre, car ils furent les premiers à concevoir leur ouvrage comme une entreprise collective s'inscrivant au milieu d'autres actions en vue de modifier l'évolution de la langue française en Amérique. La Société du parler français au Canada, en effet, a toujours cherché à donner à son projet une envergure nationale, à intéresser le plus grand nombre possible de lettrés du Canada français à ses travaux de collecte d'information et de rédaction. C'est ce qui l'a amenée, dès le mois d'avril 1902, à lancer une enquête linguistique originale qui allait lui permettre

Une entreprise collective

d'accumuler, sur le français québécois, une documentation d'une richesse sans précédent.

Une société qui comprenait 1000 membres

La recherche des membres de cette société s'est échelonnée sur quelques dizaines d'années. La Société du parler français au Canada a été fondée le 18 février 1902 à Québec, sous le patronage de l'Université Laval, par deux ardents défenseurs du français québécois, Adjutor Rivard, avocat de Québec, et l'abbé Stanislas-A. Lortie, archiviste au Séminaire de Québec.

Toute l'élite québécoise souscrit à cette œuvre.

À l'époque de son activité la plus intense, elle comptait plus de 1000 membres répartis dans toute la province. Les travaux de cette société furent soutenus par l'élite québécoise (religieuse et civile) et toute l'entreprise fut caractérisée par un grand élan de patriotisme. Les objectifs de cette société étaient les suivants:

La Société propose à ses membres: 1e L'étude de la langue française, et particulièrement du parler franco-canadien dans son histoire, son caractère, sa situation légale, ses conditions d'existence; 2e L'observation, le relèvement et la distribution topographique des faits qui caractérisent la phonétique, le vocabulaire, la sémantique, la morphologie et la syntaxe du parler populaire franco-canadien; 3e L'examen des dangers qui menacent la langue française au Canada, du rôle des écrivains dans le maintien de sa pureté et de son unité, du devoir de l'Instituteur [...] (Lavoie 1979:12).

Dès 1902, la Société publie le *Bulletin du parler français au Canada*, revue qui paraîtra jusqu'en 1918, date à laquelle elle sera remplacée par une autre revue, le *Canada français*, dont la publication sera assurée conjointement par la Société et par l'Université Laval. Par l'intermédiaire du *Bulletin*, le comité de direction de la Société organise une vaste enquête linguistique à travers tout le Québec, dont les résultats serviront en partie à l'élaboration du *Glossaire*.

Diffusion de bulletins sur la langue

Description et proscription vont de pair:
- chroniques
- cercles
- congrès

Les membres de la Société valorisaient un bon nombre de «canadianismes» qu'ils jugeaient utiles à «notre langue littéraire [qui] s'enrichirait heureusement de quelques termes pittoresques, qui ont de la naissance, et qui conviennent à l'expression des choses de la vie canadienne» (préface). Ils ne négligeaient pas non plus de défendre le français contre l'envahissement de l'anglais, d'où des chroniques régulières sur l'anglicisme dans le *Bulletin*. Ils fondèrent aussi des cercles du parler français dans des collèges et des écoles et prononcèrent nombre de conférences. Ils conçurent même l'idée d'un grand congrès de la langue française, qui se tint à Québec en 1912 : de la Louisiane, de la Nouvelle-Angleterre, de l'Acadie, de toutes les provinces du Canada, on vint y assister pour rendre hommage à la langue française. En 1937, la Société organise un deuxième congrès de la langue française. En 1952 a lieu le troisième et dernier congrès de la langue française, qui coïncide avec le cinquantenaire de la fondation de la Société du parler français au Canada. Chaque fois, les congressistes de la section de linguistique font le point sur les études concernant le français canadien.

Le *Dictionnaire général de la langue française au Canada*, de L. A. Bélisle, s'insère dans cette série d'ouvrages à la fois correctifs et descriptifs ; mais nous avons préféré le situer et le caractériser parmi les véritables « dictionnaires » (voir cette série ci-dessous).

Après 1960 : la description du français québécois s'enrichit, mais la norme est toujours issue de France.

On se rappellera que la Révolution tranquille amena un débat houleux autour de la langue. Une nouvelle idéologie voulait que le « joual » devienne d'une certaine manière notre « langue nationale ». À l'opposé, de nombreux Québécois et Québécoises jugeaient nécessaire de maintenir comme norme unique l'usage linguistique de France, c'est-à-dire le modèle de langue générale décrit dans les dictionnaires généraux français. De nombreux auteurs continuèrent donc à stigmatiser les particularismes du français québécois en les épinglant et en les condamnant parfois de façon très sévère. C'est ainsi qu'au cours de la Révolution tranquille, le courant « puriste » continue d'être illustré par de nombreux ouvrages.

Joual ou français de Paris ?

UNE NOUVELLE SÉRIE D'OUVRAGES PURISTES QUI STIGMATISENT LES ÉCARTS

1962. TURENNE, Augustin. *Petit dictionnaire du joual au français*, Montréal, Les Éditions de l'Homme, 96 p.

Cet ouvrage comporte des expressions et des mots groupés selon divers secteurs d'activité de la vie courante, des anglicismes, des expressions diverses à corriger et des confusions de genre.

Un premier dictionnaire du joual

1963. BARBEAU, Victor. *Le français du Canada*, Montréal, Publications de l'Académie canadienne-française, 252 p. ; 2ᵉ édition, 1970, Québec, Garneau, 303 p.

L'auteur allie description et prescription.

Le volume se divise en trois parties : le fonds français (archaïsmes et dialectalismes) ; le fonds anglais (anglicismes de trois types différents) et le fonds canadien. Il faut noter que l'auteur avait le souci de décrire avec précision les mots et les sens recensés.

1967. DAGENAIS, Gérard. *Dictionnaire des difficultés de la langue française au Canada*, Québec-Montréal, Éditions Pédagogia inc., 679 p. ; 2ᵉ édition, 1986, 525 p.

Un ouvrage franchement correctif

L'ouvrage, qui s'aligne inconditionnellement sur le français de France, contient environ 2500 entrées. L'auteur s'est limité aux « fautes » les plus usuelles qu'on retrouve au Canada. Il fournit des rappels historiques et lexicographiques sur plusieurs mots ou expressions.

1968. DULONG, Gaston. *Dictionnaire correctif du français au Canada*, Québec, Les Presses de l'Université Laval, 255 p.

Cet ouvrage, composé de 2000 articles, constitue un outil de référence de consultation rapide : il comporte le mot traité, son emploi dans un contexte fautif et sa correction en français général.

1971. COLPRON, Gilles. *Les anglicismes au Québec*, Montréal, Beauchemin, 247 p. ; 2ᵉ édition, 1982, 200 p. ; 3ᵉ édition, 1994, 289 p.

Un autre répertoire d'anglicismes

Cet ouvrage est d'abord descriptif, car il atteste tous les anglicismes, sans en analyser la valeur ; il est aussi normatif du fait que l'auteur part de la prémisse que tout anglicisme, par définition, est à rejeter. Dans sa première édition, Colpron subdivise les anglicismes en neuf catégories (phonétiques, graphiques, morphologiques, de modalité grammaticale, sémantiques, lexicaux, locutionnels, syntaxiques et structuraux). Il prend cependant soin de placer, à la fin du recueil, la liste de tous les anglicismes dans un ordre alphabétique avec renvoi à la section où ils se trouvent. Les éditions ultérieures ont sensiblement modifié la structure et la présentation de l'ouvrage.

La description du français québécois remplace le souci correctif.

Il faut ajouter cependant qu'à côté de ce courant «puriste», caractéristique des études langagières québécoises, prend de plus en plus d'importance une série d'ouvrages dont le but premier est **descriptif**. Parmi ces derniers, il y a lieu de distinguer deux catégories d'études:

A- les ouvrages descriptifs, consistant en de simples relevés de caractéristiques langagières québécoises, sans prétention encyclopédique ni scientifique;

B- les ouvrages de type universitaire, qui ont un caractère plus scientifique, dont la méthodologie se fonde très souvent sur l'une ou l'autre des approches linguistiques telles qu'elles sont pratiquées dans d'autres pays. Nous présentons brièvement l'une et l'autre, tout en sachant que certaines d'entre elles participent aux deux courants.

DIVERS TYPES D'OUVRAGES DÉCRIVANT L'UN OU L'AUTRE ASPECT DU FRANÇAIS QUÉBÉCOIS

1977. LORENT, Maurice. *Le parler populaire de la Beauce*, Ottawa, Leméac, 224 p.

Cet ouvrage contient environ 1000 acceptions ou mots du parler beauceron et certaines remarques sur les tendances phonétiques de ce français régional du Québec.

Le parler de la Beauce

1977. ROGERS, David. *Dictionnaire de la langue québécoise rurale*, Montréal, VLB., 246 p.

Cet ouvrage, que l'auteur qualifie de tout à fait descriptif, contient près de 2000 québécismes du domaine rural tirés d'un corpus de 11 romans du terroir publiés entre 1904 (*Marie Calumet*) et 1951 (*Les jours sont longs*). À chaque entrée, l'auteur donne le sens ainsi qu'une citation du roman où le mot, ou bien l'expression, a été repéré.

La langue rurale

1979. DESRUISSEAUX, Pierre. *Livre des expressions québécoises*, Montréal, HMH, 291 p.

Pour chaque entrée de ce dictionnaire d'expressions, on retrouve un synonyme ou une définition, une explication, certaines variantes, la source et l'équivalent en français commun.

Les expressions québécoises

29

1980. PICHETTE, Jean-Pierre. *Le guide raisonné des jurons*, Montréal, Les Quinze, 310 p.

Les jurons et les sacres

Au cours de dix années d'écoute, l'auteur a répertorié environ 1300 jurons québécois. L'ouvrage se subdivise en trois parties : une étude de la langue et de la littérature orale (anecdotes, légendes, histoires, jeux, devinettes, chansons, concours de sacres et sacromanie); une histoire des jurons (en France, en Nouvelle-France et au Canada) et le recueil des jurons lui-même.

1980. BERGERON, Léandre. *Dictionnaire de la langue québécoise*, Montréal, VLB, 575 p. Supplément (1981): *Dictionnaire de la langue québécoise précédé de la Charte de la langue québécoise*, Montréal, VLB, 168 p.

Un dictionnaire projoual

Malgré son titre, cet ouvrage est en fait un glossaire, c'est-à-dire un relevé de quelque 23 000 mots et expressions propres au français québécois. L'auteur avoue n'avoir exclu aucun terme, si vulgaire soit-il, faisant délibérément fi de toute considération normative. Il voulait faire la promotion d'une langue proprement québécoise par la publication de ce dictionnaire, mais ce dernier fut fortement critiqué. On y trouvait de nombreuses répétitions par rapport aux ouvrages antérieurs, notamment le *Glossaire du parler français au Canada*.

1982. BEAUCHEMIN, Normand. *Dictionnaire d'expressions figurées en français parlé au Québec*, Sherbrooke, Faculté des arts, Université de Sherbrooke, 145 p.

Un dictionnaire d'expressions

L'ouvrage contient près de 700 expressions définies et accompagnées des références aux sources les attestant et de remarques, selon le cas.

1989. CLAS, André et Émile SEUTIN. *J'parle en tarmes : dictionnaire de locutions et d'expressions figurées au Québec*, Montréal, Sodilis, 245 p.

Des québécismes puisés dans les textes littéraires québécois

Cet ouvrage contient 1753 articles. Son intérêt vient du fait que les attestations sont tirées de 450 œuvres d'auteurs québécois.

1991. DUGAS, André et Bernard SOUCY. *Le dictionnaire pratique des expressions québécoises*, Montréal, Éditions Logiques, 300 p.

Cet ouvrage est le fruit de dix années de collecte. Les auteurs ont choisi de ne retenir que les expressions verbales. Elles sont donc classées selon le verbe qui est en tête de l'expression (**avoir** les fesses serrées — **avoir** les deux pieds dans la même bottine). Le dernier tiers contient un volumineux index. Une mention «ORA» indique que la définition fournie est originale et ne se retrouve dans aucun dictionnaire usuel.

Un autre dictionnaire d'expressions

1991. PROTEAU, Lorenzo. *Le français populaire au Québec et au Canada --350 ans d'histoire*, Montréal, Éditions Logiques, 1115 p.

Cet ouvrage est volumineux mais fort disparate. Il présente peu de renseignements nouveaux par rapport à ses prédécesseurs.

Le français populaire du Québec

OUVRAGES DESCRIPTIFS DE TYPE UNIVERSITAIRE

Comme suite au développement des programmes universitaires de linguistique, diverses études et différents ouvrages à caractère scientifique ont été publiés, notamment à partir des années 1960. La qualité des ouvrages donnés ici trouve confirmation chez les universitaires de la francophonie, ce qui contribue à rassurer sur la valeur de la description, donc de la connaissance du français québécois que procurent ces ouvrages.

Les linguistes s'attellent à la description du français québécois.

1975. SEUTIN, Émile. *Description grammaticale du parler de l'Île-aux-Coudres*, Montréal, Les Presses de l'Université de Montréal, 459 p.

L'analyse de ce professeur traite du nombre, du genre, de la prononciation, des pronoms, etc., du parler de l'île aux Coudres. Malgré quelques faiblesses, l'ouvrage apporte une contribution nouvelle (à l'époque) et originale à l'étude du français québécois régional.

Le parler de l'île aux Coudres

1979-1982. SEUTIN, Émile, André CLAS et Manon BRUNET. *Richesses et particularités de la langue écrite au Québec*, Montréal, Université de Montréal, 8 fascicules.

Des québécismes dans la langue littéraire

Cet ensemble de recueils est le fruit de dix années de recherche. Les matériaux lexicographiques ont été tirés de 400 œuvres de la littérature québécoise. L'ouvrage décrit la langue littéraire, sans indication historique ni fonctionnelle (dans l'usage courant de la langue). Il faut noter l'abondance des syntagmes (*musique à bouche, support à manteau, over size, gros narfe*) et des locutions (*en titi, être à quatre épingles, en monde, au ras de, mettre quelqu'un sans conestache*). Malgré certaines limites, ce relevé est riche et original.

1980. DULONG, Gaston et Gaston BERGERON. *Le parler populaire du Québec et de ses régions voisines «Atlas linguistique de l'Est du Canada»*, Québec, Éditeur officiel du Québec, 10 volumes (connu sous l'acronyme ALEC).

Un atlas linguistique de l'Est du Canada

Cet ouvrage fondamental pour la connaissance du parler du Québec rural est le résultat d'enquêtes linguistiques faites entre 1969 et 1973; le questionnaire faisait appel à 2500 concepts axés sur la vie matérielle et traditionnelle des citoyens (vêtement, nourriture, habitation, etc.). L'Atlas contient plusieurs milliers de mots (réponses) et donne des renseignements sur les plans lexical, phonétique et géographique. Les enquêtes ont été effectuées dans 169 localités, dont 152 au Québec, par quatre enquêteurs. Elles ont rejoint 700 témoins du monde rural de plus de 60 ans; leur moyenne d'âge était de 72 ans. Elles ont porté sur le parler relatif à la vie courante et traditionnelle. Par ailleurs, par souci d'homogénéité, on a pris soin de poser les mêmes questions à tous les témoins. Cet ouvrage de type «géographique» donne forme à celui que la Société du parler français au Canada (voir ci-dessus) aurait réalisé au début du siècle, si elle en avait eu les moyens.

L'ouvrage contient des données géolinguistiques illustrant les caractéristiques du parler populaire du Québec et de ses régions voisines (Ontario et provinces maritimes). Deux volumes d'index complètent l'ouvrage et présentent les unités répertoriées selon l'ordre alphabétique. Malgré quelques faiblesses, notamment certaines erreurs de transcription phonétique, d'étymologie, etc., cet ouvrage est d'une richesse considérable et présente un portrait large et détaillé du parler québécois traditionnel du milieu du siècle. Cet atlas linguistique, complexe dans sa conception et dans sa réalisation, est le résultat d'un très long travail et s'adresse surtout au milieu de l'enseignement et de la recherche universitaire.

1983. BOULANGER, Jean-Claude et Robert DUBUC. *Régionalismes québécois usuels*, Paris, Conseil international de la langue française, 228 p.

Une description des québécismes usuels

Cet ouvrage contient plus de 750 expressions ou termes québécois ainsi que les canadianismes de bon aloi rassemblés par l'Office de la langue française. De plus, les auteurs ont effectué un classement onomasiologique (selon le sens) des expressions. Enfin, on y trouve une liste de locutions et de syntagmes. La sélection des unités retenues s'est faite à partir de quelques critères : l'universalité, c'est-à-dire la connaissance par tous les Québécois du terme retenu ; la fréquence ; l'actualité du vocable ; la créativité lexicale, qui témoigne de la vitalité du français québécois. Malgré une intention normative évidente de la part des auteurs, cet ouvrage, par la qualité descriptive des mots retenus, demeure un livre de référence important.

1985. LAVOIE, Thomas, Gaston BERGERON et Michelle CÔTÉ. *Les parlers français de Charlevoix, du Saguenay, du Lac-St-Jean et de la Côte-Nord*, Québec, Les Publications du Québec, 5 volumes.

Le parler du Saguenay, du Lac-Saint-Jean et de la Côte-Nord

L'ouvrage se présente comme une monographie dialectologique portant sur une région du Québec. Elle est le fruit de dix années de recherches dirigées par Thomas Lavoie, professeur à l'Université du Québec à Chicoutimi. Au total, 74 enquêtes, comprenant environ 3700 questions, ont été effectuées entre 1972 et 1976. Thomas Lavoie et Michelle Côté, deux enquêteurs à plein temps, ont fait presque tout ce travail. Les enquêtes portaient sur quatre aspects : la nature, le travail, la vie quotidienne et l'homme. Les répondants ont été sélectionnés selon des critères très stricts. Ils devaient être relativement âgés (la moyenne d'âge est de 75 ans) et avoir de l'expérience dans la vie de chantier et dans la «drave». C'est pourquoi l'étude s'est faite auprès d'une clientèle exclusivement masculine.

1985. POIRIER, Claude; rédacteurs principaux: Lionel BOISVERT, Marcel JUNEAU, Claude VERREAULT et la collaboration de Micheline MASSICOTTE. *Dictionnaire du français québécois, Volume de présentation*, Sainte-Foy, Les Presses de l'Université Laval, 167 p.

Volume de présentation d'un futur dictionnaire différentiel et étymologique du français québécois

Cet ouvrage historique et étymologique part d'un point de vue différentiel. Il s'intéresse donc uniquement aux écarts ou particularismes du français québécois. Dans ce volume de présentation, qui annonce une œuvre plus importante à venir, les auteurs développent 74 articles, englobant 300 mots. On y retrouve des archaïsmes, des dialectalismes, des anglicismes et des innovations québécoises (voir Le Trésor de la langue française ci-dessous).

1989. DULONG, Gaston. *Dictionnaire des canadianismes*, Montréal, Larousse, 461 p.

Un simple dictionnaire différentiel

Ce dictionnaire contient quelque 8000 mots ou expressions du Québec et de l'Acadie. Il a été effectué à partir de notes de lecture et de 30 enquêtes dialectologiques. Il incorpore les mots normalisés par l'Office de la langue française ainsi que plusieurs mots et expressions de diverses régions. On y retrouve plusieurs mots populaires de la langue rurale, du milieu géographique, des institutions politiques, administratives, religieuses, scolaires, sportives et autres.

1992. BEAUCHEMIN, Normand, Pierre MARTEL et Michel THÉORET. *Dictionnaire de fréquence des mots du français parlé au Québec*, New York, Peter Lang, 767 p.

Un dictionnaire de fréquence de la langue parlée

Selon le modèle français des dictionnaires de fréquence, ce dictionnaire donne la fréquence, la distribution et l'usage de 11 327 mots différents (vocables) et contient un million de mots-occurrences. La liste des vocables par ordre alphabétique présente toutes les formes graphiques, morphologiques, phonétiques, etc., rencontrées dans les textes dépouillés. Ce corpus se divise d'abord en cinq tranches égales représentant le français parlé soit en Estrie (deux tranches), soit à Montréal, soit à Québec ou encore au Saguenay–Lac-Saint-Jean. Ces échantillons sociolinguistiques ont été ensuite comparés à cinq autres tranches représentatives des genres suivants: pièces de théâtre, monologues, contes folkloriques, textes radiophoniques et

34

téléromans. Ce dictionnaire contient une longue présentation décrivant le corpus analysé, les principales caractéristiques du français parlé au Québec de même qu'une analyse statistique des données.

Deux séries de travaux importants

Aux publications citées ci-dessus s'ajoutent naturellement une grande quantité d'articles, d'études, de communications et d'autres ouvrages écrits par des linguistes, la plupart étant des universitaires. Il y a lieu notamment de mentionner les séries de travaux suivants :

SIX CORPUS SOCIOLINGUISTIQUES QUÉBÉCOIS

Directement influencés par la linguistique américaine (notamment par les travaux de William Labov), les linguistes québécois ont constitué d'immenses échantillons de la langue parlée au Québec selon les méthodes de la nouvelle sociolinguistique (avec échantillons de personnes interrogées en fonction de leur âge, sexe, scolarité, etc.). Ces études sont de loin plus nombreuses qu'en France et permettent la description de la langue parlée ordinaire et contemporaine (surtout postérieure à 1970) selon les régions et selon le niveau de langue des personnes. La plupart de ces corpus représentent la langue dans sa totalité et non plus seulement dans ce qu'elle offre d'« écarts » par rapport au français de France. Voici, à titre d'exemples, un tableau regroupant quelques-uns de ces corpus.

La description variationniste du français québécois parlé

Tableau I

Principaux corpus* sociolinguistiques du Québec

	Responsables	Dates	Villes/ régions	Description	Taille (mots)	Personnes interviewées
1)	Gilles Bibeau André Dugas	1963-1964	Région de Montréal	Corpus informatisé non publié Interviews libres ou semi-dirigées	545 000	102
2)	Henrietta Cedergren David et Gillian Sankoff	1971	Montréal	Corpus non publié Conversations informelles et semi-dirigées	Plus d'un million	120
3)	Normand Beauchemin Pierre Martel Michel Théoret	1971-1973	Estrie	Les textes de ce corpus et diverses analyses linguistiques ont été publiés[7].	350 000	125
4)	Claire Lefebvre Lyne Drapeau	1976-1978	Centre-Sud (Montréal)	Corpus non publié	Plus de 95 000	43 adolescents et pré-adolescents
5)	Denise Deshaies	1977-1979	Ville de Québec	Corpus non publié Plusieurs types d'entrevues		120 adolescents et parents
6)	Shana Poplack	1982	Ottawa-Hull	Corpus non publié Entrevues informelles	2,5 millions	120
7)	Pierrette Thibault Diane Vincent	1984	Montréal	Mêmes enquêtes que le corpus n° 2	Plus d'un million	72
8)	Pierrette Thibault Gillian Sankoff	1994-1995	Montréal	Interviews semi-dirigées en français avec des Anglo-Montréalais	125 000	30

* Tous ces corpus sont disponibles et accessibles aux chercheurs qui en font la demande.

Cette vaste documentation a certes vieilli, mais elle représente tout de même un portrait fort détaillé de la langue parlée au Québec. Malheureusement, toute cette information, très riche, n'a pas été systématiquement exploitée dans la description dictionnairique du français québécois.

Une riche documentation peu exploitée par les lexicographes québécois

DEUX CENTRES IMPORTANTS DE RECHERCHE UNIVERSITAIRE

1- Le Trésor de la langue française au Québec
(Université Laval)

Les travaux lexicologiques et lexicographiques de deux centres universitaires québécois

Depuis 1971, sous l'égide de Marcel Juneau, puis de Claude Poirier, existe à l'Université Laval un centre de recherche sur le français québécois. Durant les décennies 1970 et 1980, d'importantes publications[6] sont issues de cette équipe. Ce chantier important de recherche a permis aux auteurs d'accumuler une vaste documentation sur le vocabulaire du français québécois. Le *Fichier du trésor de la langue française au Québec (FTLFQ)*, qui est le fruit d'un dépouillement considérable, constitue une source extraordinaire de contextes du vocabulaire propre au français québécois. Ces références s'échelonnent dans le temps depuis les sources anciennes de la Nouvelle-France jusqu'à l'époque moderne. Deux travaux d'envergure particuliers sont exécutés par l'équipe de Laval :

Université Laval : approche différentielle et étymologique

A) L'*Index lexicologique québécois* (ouvrage terminé et disponible), qui consiste en une liste alphabétique informatisée, enrichie de multiples renvois, de l'ensemble des mots (des écarts) ou particularismes, ayant fait l'objet d'un relevé, d'un commentaire ou d'une étude dans le corpus des textes métalinguistiques du Québec. L'*Index* repose sur le dépouillement d'environ 1500 sources différentes et de types divers, parus avant 1983 ; il réunit un peu plus de 160 000 entrées ou formes différentes.

B) Le *Dictionnaire du français québécois* (voir le volume de présentation décrit ci-dessus), qui devrait comprendre entre 4000 et 5000 termes. Grandement attendu du public cultivé québécois, il sera sans doute le meilleur dictionnaire des particularismes lexicaux du français québécois.

37

2- Le Centre d'analyse et de traitement informatique du français québécois (CATIFQ) de l'Université de Sherbrooke

Les travaux du CATIFQ se poursuivent depuis la fin des années 1970. Ils ont consisté en des analyses sociolinguistiques et de statistiques lexicales dont plusieurs ont été publiées[7]. Le Centre a mis au point une première banque importante : la Banque de données textuelles de Sherbrooke (BDTS), qui comprend plus de cinq millions de mots et près de 2 600 textes différents, répartis ainsi : textes oraux, textes écrits littéraires et non littéraires (journalistiques, techniques, scientifiques, sociopolitiques, administratifs, juridiques, médicaux, etc.). L'ensemble de la BDTS est conçu de manière à réunir le plus grand nombre possible de thèmes, de discours et de niveaux de langue. Ces textes sont représentatifs de la langue générale utilisée au Québec et certains textes sélectionnés appartiennent au niveau du français québécois standard. L'objectif principal des chercheurs de Sherbrooke demeure l'analyse prédictionnairique du vocabulaire du français québécois donnant naissance à un stockage systématique d'informations lexicographiques. L'ensemble de cette dernière documentation constitue la Banque de données linguistiques de Sherbrooke (BDLS), qui comprend à l'heure actuelle plus d'un millier de fiches. L'approche globale retenue est non différentielle, même si la comparaison avec le français de France est constante. De plus, des recherches portant sur l'oralité, notamment les marqueurs discursifs, sur les anglicismes, sur les marques d'usage dans les dictionnaires, sur la caractérisation des textes techniques, journalistiques, scientifiques, sociopolitiques et administratifs et enfin sur le français québécois standard sont actuellement en cours.

Une nouvelle perspective : des dictionnaires de France adaptés pour le Québec

Dans toutes les études lexicographiques mentionnées jusqu'à présent, le français québécois était considéré comme constitué de deux parts inégales : d'une part, les mots français, très bien décrits dans les dictionnaires de France, et d'autre part des mots régionaux (les québécismes) à consigner (ou à condamner) dans des glossaires ou autres publications du même type. Depuis les années 1950, cependant, le français québécois est vu aussi comme constituant un tout, une seule variété de français, les mots québécois étant mêlés, intégrés aux mots français. Cela s'est traduit par un nouveau genre d'interventions sur le français québécois : la rédaction de dictionnaires complets décrivant la totalité de la langue d'ici. Il faut traiter à part, en effet, les ouvrages qui se veulent des *dictionnaires* du français québécois.

Le dictionnaire est l'ouvrage qui est censé renfermer tous les mots de la langue en usage sur un territoire donné, ou par une communauté donnée (le *glossaire* n'en recense en principe qu'une partie, en général les écarts régionaux ou familiers). Mais l'affranchissement par rapport au français de France est encore timide. Faute d'une documentation complète et adéquate, les dictionnaires qui ont été publiés jusqu'à aujourd'hui au Québec sont des adaptations de dictionnaires fabriqués en France. La méthode consiste à remplacer des mots et des sens que l'on considère peu employés au Québec par des mots et des sens québécois. On « québécise » également les exemples ; ainsi, « Le train arrive à Paris » devient « Le train arrive à Montréal ».

Parmi les dictionnaires existants, certains ont un but franchement correctif quand ils s'adressent, par exemple, à une clientèle scolaire ; les autres se veulent davantage descriptifs de l'usage réel du français du Québec.

DICTIONNAIRES CORRECTIFS GÉNÉRAUX

1954. *Dictionnaire général de la langue française au Canada*, Québec, Bélisle éditeur ; réédité en 1957 et en 1971 ; réimprimé en 1974 avec supplément, édition spéciale ; *Dictionnaire nord-américain de la langue française*, Montréal, Beauchemin, 1979 ; auteur : Louis-Alexandre Bélisle.
Dictionnaire français source : *Dictionnaire de la langue française, Le Petit Littré*, abrégé par A. Beaujean, appelé communément le *Littré-Beaujean*.

Des dictionnaires français adaptés pour le Québec

Malgré l'affirmation de son auteur, ce dictionnaire est normatif, puisqu'il proscrit au moyen de signes particuliers certains mots et certains sens. Ce dictionnaire général contient environ 55 000 articles, où se côtoient les mots dits « standard » et les écarts ou particularismes régionaux. Le dictionnaire Bélisle ne cesse d'étonner. Il est le premier à incorporer les mots français à côté des mots régionaux du Québec. Malgré ses nombreuses

Un dictionnaire qui a surpris le public québécois

imperfections, il demeure un ouvrage remarquable de la lexicographie québécoise en raison de sa popularité et du rôle important qu'il a joué. Par ailleurs, les critiques, notamment celles des linguistes, ont été sévères à l'endroit de cet ouvrage. On a reproché à l'auteur de mal refléter la réalité langagière du Québec, d'être incohérent dans sa description et de présenter des erreurs. Voici un extrait de ces critiques :

> L'auteur lui-même fournit généreusement les munitions à ses détracteurs en louvoyant sans cesse d'une catégorie à l'autre à propos d'un même vocable : *bozo, braoule, campisme, centre d'achats, chesterfield, télécouleur, trapper, typifier*, etc., oscillant tantôt entre le statut de canadianismes folkloriques, de formes à proscrire ou même de canadianismes de bon aloi (Bélisle 1974, rubrique «Mots nouveaux ajoutés dans l'édition de 1974» et s.v.). L'arbitraire règne ici en maître et nous croyons que l'auteur lui-même ne s'y retrouve plus à travers les notions étroites dans lesquelles il s'est enfermé (Dugas 1988 : 22).

Malgré ces critiques, on doit reconnaître cependant que cette œuvre a rendu de grands services à la lexicographie québécoise et a eu le mérite, en tout cas, d'avoir renouvelé la perspective de la description du français québécois. Il faut ajouter que certains ouvrages qui lui sont postérieurs n'ont pas su égaler la richesse de son contenu.

1988. *Multidictionnaire des difficultés de la langue française*, Montréal, Québec/Amérique, 1142 p. ; 2ᵉ édition 1992, 1324 p. ; auteure : DE VILLERS, Marie-Éva. D'après la nomenclature du *Petit Robert* et des questions adressées aux Services linguistiques de l'Office de la langue française.

Un dictionnaire de difficultés qui plaît.

Il ne s'agit pas d'un dictionnaire général de la langue, mais essentiellement d'un recueil consignant les difficultés typiques du français québécois. Sa diversité est grande : il répond aux questions touchant des problèmes d'orthographe, de prononciation, de typographie, de lexique (anglicismes, calques et impropriétés diverses) et de grammaire. Le *Multidictionnaire* a reçu un accueil très favorable du public québécois. Il est attrayant et de consultation facile. L'auteure privilégie la norme du français de France et, en principe, seuls les écarts déjà approuvés par l'Office de la langue française sont jugés acceptables.

DICTIONNAIRES CORRECTIFS SCOLAIRES

Comme suite à ces expériences, quelques dictionnaires scolaires ont vu le jour au Québec depuis les années 1980.

1982. *Dictionnaire CEC Jeunesse*, Montréal, Centre éducatif et culturel, 1200 p.; rééditions en 1986 et 1992. Sous la direction principale de Jean-Claude BOULANGER.
Dictionnaire français source: *Dictionnaire Hachette Junior*, 1980.

La première édition du *CEC Jeunesse* contient 20 000 mots du vocabulaire que les élèves du primaire sont appelés à connaître. Il a été conçu par Jean Darbelnet, qui a ajouté à l'édition française les canadianismes de bon aloi (voir Office de la langue française). On ne retouche pas le texte des autres articles, sauf dans les exemples, où l'on substitue des noms propres nord-américains aux noms européens.

L'édition 1986, de Jean-Claude Boulanger, s'est affranchie de la nomenclature initiale française et contient un vocabulaire québécois considérablement enrichi; le texte de tous les articles est adapté au contexte nord-américain. Le nombre de «québécismes» a presque triplé de la première à la seconde édition. En plus des mots du vocabulaire courant et moderne, l'ouvrage contient des termes qui renvoient à des réalités historiques québécoises. Il dessine le premier portrait fidèle de ce qu'est le français québécois des années 1980. L'édition de 1986 intègre un certain modèle québécois, puisqu'il prend en compte les avis de normalisation ou de recommandation de l'Office de la langue française et contient, par exemple, les formes féminines des titres, des noms de métiers et de fonctions.

Le français québécois devient la variété décrite et référentielle.

Le CEC Jeunesse représente une étape importante dans l'évolution et la modernisation de la conception de la lexicographie québécoise. En effet, les référents sont définis de l'intérieur et ne sont pas marqués, alors que les mots renvoyant aux réalités françaises le sont; ils seront appelés «francismes» (faits de langue appartenant au français de France). Comme les lexicographes français indiquent les emplois régionaux de certains mots (au Canada...), les Québécois ont adopté une position équivalente: le français d'ici devient la variété décrite et référentielle et le français de France, le français extérieur. Cette même position sera maintenue par les auteurs du *Dictionnaire du français*

Plus et du *Dictionnaire québécois d'aujourd'hui* (voir la description ci-dessous).

1990. Le Petit Breton, dictionnaire scolaire, Montréal, Les Éditions HRW ; auteure : Rita Breton.
Dictionnaire français source : inconnu.

Très normatif, le modèle décrit est très proche du français de France.

L'ouvrage contient 25 000 entrées lexicales. Le choix des mots a été fait en fonction de leur intérêt pour le contexte scolaire québécois et selon leur fréquence d'emploi. Un certain nombre de québécismes y sont attestés.

En concurrence avec le *CEC Jeunesse*, ce dictionnaire tente de répondre aux besoins exprimés par des enseignants et enseignantes du primaire à l'endroit d'un dictionnaire québécois. Ce dictionnaire est très normatif et il propose un modèle proche du français de France. En effet, il représente la réalité culturelle québécoise et condamne, sans autre forme de jugement et sans nuance, toutes les formes à éviter, plaçant sur le même pied les archaïsmes, les néologismes et les anglicismes québécois.

1992. Dictionnaire CEC Intermédiaire, Montréal, Centre éducatif et culturel, 2045 p. Direction éditoriale : Germaine Pouliot et André Vanda.
Dictionnaire français source : inconnu.

Ce dictionnaire contient près de 30 000 mots, et se situe, comme son nom l'indique, à mi-chemin entre le *CEC Jeunesse* et le *Dictionnaire du français Plus*. Outre la description des mots de la langue commune, ce dictionnaire présente, comme un atout intéressant, 2100 noms propres, dont ceux d'institutions, de personnages et de réalités québécoises, ainsi que diverses annexes : récipiendaires de prix et médailles, premiers ministres du Canada, du Québec, etc. Il manque toutefois d'uniformité dans le traitement des mots ; par exemple, aux mots *brocheuse et châssis*, on prévient l'élève de ne pas mêler ces termes avec *agrafeuse* et *fenêtre* ; rien de parallèle cependant aux mots *boisson, show, breuvage, suçon, sucette*, et autres.

DICTIONNAIRES DESCRIPTIFS

1988. *Dictionnaire du français Plus*, Montréal, Centre éducatif et culturel, 1857 p.; auteurs: rédacteur principal, Claude Poirier; collaborateurs, Pierre Auger et Normand Beauchemin.
Dictionnaire français source: *Dictionnaire Hachette*, 1987.

Cet ouvrage contient 62 000 mots, incluant 4000 québécismes et 1000 développements encyclopédiques, dont 200 ont trait à des réalités québécoises. On ne retrouve de marques géographiques d'usage que pour des mots employés en France. Quant aux québécismes, ils ne sont pas marqués. L'ouvrage contient des annexes sur les alphabets non latins, les règles d'orthographe, la conjugaison des verbes, et autres. Enfin, en appendice, Claude Poirier signe trois textes: «La notion de québécisme», «L'anglicisme en France et au Québec» et «L'expansion du français hors de France». Il va sans dire que la principale caractéristique de cet ouvrage est de refléter, plus que tous les dictionnaires précédents, la réalité québécoise. Toutefois, il a suscité beaucoup de réactions négatives, que nous résumerons en quelques lignes. Premièrement, on s'étonne de nombreuses lacunes lexicales touchant le français québécois: des mots d'usage courant, comme *quétaine, gosser, avant- midi, chialer, être sur une tablette, casse-tête, sous-tapis, piqueter, pogner, espadrilles, hot-chicken, gale, finissant*, etc., y sont absents. Deuxièmement, la prononciation indiquée ne correspond à la prononciation québécoise que pour les québécismes ajoutés à la nomenclature française; les auteurs ont conservé pour les autres mots la prononciation française de France (voir celle de *punch*, différente en France et au Québec). Troisièmement, on lui reproche de ne pas avoir marqué les québécismes et de ne l'avoir fait que pour les «francismes». Il faut dire que ce reproche est adressé par le public québécois à tous les auteurs qui suivent cette politique éditoriale. Mais la principale critique faite à ce dictionnaire est de trop refléter la langue familière et populaire québécoise et de ne pas faire de place au bon usage du français québécois.

Les auteurs affirment ne pas retenir les québécismes et les anglicismes condamnés par l'Office de la langue française; mais les mots *liqueur douce, soda, marshmallow, abreuvoir, centre d'achats, sacoche*, etc., y sont répertoriés malgré leur condamnation par l'Office.

Un dictionnaire du français québécois moderne

Surtout un reflet de la langue parlée familière et populaire

1992. *Dictionnaire québécois d'aujourd'hui*, Montréal, Le Robert, DicoRobert, rédaction dirigée par Jean-Claude Boulanger et les collaborateurs Jean-Yves Dugas et Bruno de Bessé ; 2ᵉ édition, 1993, 1273 p. et annexes.
Dictionnaire français source : DicoRobert.

Le dernier dictionnaire paru du français québécois (1992) : une description franchement québécoise

Cet ouvrage comporte 40 000 entrées. Les auteurs ont voulu mettre l'accent sur son aspect fonctionnel. On y retrouve des remarques sur les difficultés grammaticales, orthographiques et sémantiques. Y apparaissent aussi la féminisation des titres et des fonctions. Enfin, les mots d'une même famille sont regroupés à l'intérieur d'un même article. Ainsi, l'adjectif *magique* n'a pas d'entrée propre, on le retrouve sous magie. De même, les mots *maigrichon, maigreur, amaigrissant*, figurent à l'article *maigre*. Les marques géographiques se limitent encore ici aux mots utilisés en France, c'est-à-dire aux francismes. Les annexes de ce dictionnaire sont nombreuses et importantes : atlas géographique en couleurs (Canada, Québec et monde contemporain) ; chronologie (mise en perspective de données historiques) ; dictionnaire de 12 000 noms propres (tant du Québec que dans le monde) et entrées de mots sur la culture, la géographie et l'histoire ainsi que diverses annexes grammaticales.

Le *DQA* va plus loin que tous ses prédécesseurs en remaniant en profondeur la section du français général emprunté au Robert de France ; les auteurs ont modifié tous les mots en provenance de la source française : définitions, exemples, renvois, phraséologie... La prononciation « québécoise » a été transcrite pour tous les mots, y compris pour ceux en provenance de la source française. Aussi se trouve-t-on pour la première fois devant un dictionnaire qui donne une vue aussi complète du français d'ici. De fait, il s'agit du premier dictionnaire général proprement québécois.

Une réception controversée du public québécois

Mais la publication de ce dictionnaire souleva une controverse. La quantité d'anglicismes (marqués et non marqués) a choqué bien des lecteurs et lectrices. Lorsque ce sont des anglicismes usuels ou des calques passés dans la langue, on les retrouve non marqués (*hot-chicken, smoked-meat, softball, ballemolle, hors cours*), alors que les anglicismes qui ne sont pas de niveau standard sont habituellement marqués « fam. » (*fun, slack, wow*). La réaction à la présence des sacres et des jurons a aussi été très négative; de nombreux lecteurs ne voulaient pas voir figurer cette catégorie de mots dans un tel ouvrage. Comme son prédécesseur, le *DFP*, il contient une description de la langue familière et populaire du Québec qui a été refusée par bon nombre de lecteurs (*tsé, astheure, jos, trou de cul, marde, maudite marde de cul...*). Pour ces utilisateurs et utilisatrices, en effet, un dictionnaire sert d'abord et avant tout à décoder ou à encoder l'écrit; leur langue spontanée de tous les jours, qu'ils jugent «incorrecte» et souvent «inférieure», ne serait pas un objet de description. Pour eux, seule la langue écrite, selon la norme, mériterait l'attention des lexicographes. Quant à l'usage des marques géographiques, les auteurs rejoignent ici la façon de faire de leurs prédécesseurs en ne marquant que les «francismes». Et la réaction du public a été la même: celui-ci considère qu'une partie de l'information, soit celle qui est relative à l'aire géographique où est utilisé tel mot ou tel sens, est absente, alors qu'il souhaiterait le contraire.

Pour conclure

La première tentative des Québécois et Québécoises pour «aménager leur langue» se résume essentiellement à la publication de nombreux ouvrages lexicographiques. Ces derniers sont essentiellement de deux types: des ouvrages correctifs de toutes sortes (de Maguire à Colpron) et des ouvrages descriptifs (surtout depuis Dunn jusqu'aux plus récents travaux et publications universitaires).

Comme nous l'avons vu, ce n'est que depuis les années 1950 que s'est trouvée renouvelée la façon de voir touchant la variété de français utilisée au Québec. Depuis quelques décennies, en effet, le français québécois est vu comme un tout indivisible, une langue en soi; et cette nouvelle façon de considérer le français d'ici a amené la rédaction de dictionnaires généraux du français québécois sur le plan lexicographique. Mais cette nouvelle vue des choses n'a pas été menée à terme, puisque les lexicographes québécois se sont contentés d'adapter des dictionnaires français à leur fin, les uns dans un but principalement descriptif (par exemple, le *Dictionnaire du français Plus* et le *Dictionnaire québécois d'aujourd'hui*), les autres, dans un

45

but essentiellement correctif (le Bélisle et les dictionnaires scolaires). La querelle du choix à effectuer entre le français québécois et le français de Paris a confiné les auteurs de dictionnaires dans ces deux options fondamentalement opposées. En fait, il ne s'agit que d'une demi-évolution; il reste donc un bon bout de chemin à parcourir pour compléter celle-ci.

Par ailleurs, si l'on considère l'ensemble de ces ouvrages correctifs, glossaires, répertoires, corpus sociolinguistiques, atlas, dictionnaires et autres qui ont été publiés jusqu'ici, il faut s'étonner de l'ampleur des travaux devant lesquels on se trouve (plus de 1000 ouvrages et articles publiés en quelque 250 ans):

> [depuis les années 1980] ce qui frappe dans l'histoire récente de notre lexicographie générale c'est donc le foisonnement des ouvrages: une trentaine de titres en 25 ans pour une communauté linguistique d'à peine sept millions de locuteurs-scripteurs, cela donne plus d'un dictionnaire ou glossaire par année en moyenne (Cardinal 1992: 10).

Un véritable genre national!

Même si cela s'explique par le contexte historique, le style répétitif des ouvrages révèle le peu d'imagination des Québécois quant à leur manière d'intervenir dans l'aménagement de la langue au Québec. De fait, à l'exception de certains travaux universitaires descriptifs et des derniers dictionnaires, la plupart des ouvrages lexicographiques produits jusqu'à présent au Québec sont essentiellement des recueils d'écarts ou de particularismes du français utilisé au Québec, que les auteurs veulent voir disparaître. Il s'agit pour eux d'**épurer** le français d'ici. Le grand foisonnement de ces ouvrages en fait un véritable «genre national» au Québec! L'obsession est générale et continuelle depuis le premier quart du XIXe siècle jusqu'à nos jours.

Des résultats peu encourageants quant à l'aménagement de la langue...

Malheureusement, la publication de cette multitude de recueils, de répertoires, de manuels, de glossaires et de dictionnaires correctifs visant à épurer la langue n'a pas eu l'effet escompté. Si l'on se fonde sur le *DQA* et sur les réactions qui ont suivi sa parution, on peut dire que le nombre d'anglicismes semble aussi important et suscite autant la réprobation que 20 ans plus tôt, et tout autant qu'au XIXe siècle. De même, l'écart entre le français utilisé au Québec, tel qu'il est décrit dans ces ouvrages, et le modèle parisien, encore souhaité par bon nombre de Québécois, demeure grand. Par ailleurs, aucun de ces ouvrages ne s'est appliqué à expliciter une hiérarchisation des divers usages du français au Québec.

Enfin, après ce tour d'horizon, force nous est d'admettre que le français québécois est doublement dévalorisé. Il est «infériorisé», en effet, sous un double point de vue : par son statut par rapport à l'anglais et par sa qualité par rapport au français de Paris, auquel il est constamment comparé et dont tout écart est systématiquement stigmatisé. La quantité d'ouvrages normatifs répond à un besoin des Québécois et Québécoises et est la conséquence d'un fort sentiment d'insécurité linguistique.

5. L'insécurité linguistique existe lorsque le locuteur a, d'une part, conscience d'une norme sociale, mais que, d'autre part, il est conscient de ne pas s'y conformer en tous points ; par ailleurs, la sécurité linguistique est assurée quand l'usager conforme ses énoncés à la norme et aussi dans les cas où il ne le fait pas, mais sans qu'il n'ait une conscience nette de déroger à celle-ci (Cajolet-Laganière, Martel 1993).

6. Mentionnons, à titre d'exemples, de Marcel JUNEAU, *Contribution à l'histoire de la prononciation française au Québec*, n° 8, 1972, 311 p ; Marcel JUNEAU, 1976. *La jument qui crotte de l'argent*, n° 2, 143 p. ; Micheline MASSICOTTE, 1978. *Le parler rural de l'Île-aux- Grues*, n° 6, 554 p. ; cette série comprend également une revue apériodique, intitulée *Travaux de linguistique québécoise* (dont 4 numéros sont actuellement parus).

7. Voir notamment les *Échantillons de textes libres*, n[os] I à VI, représentant l'entier du corpus sociolinguistique de la région de Sherbrooke. Ont aussi été publiées diverses études comme : Chantal GALLEZ, avec la collaboration de Pierre MARTEL, 1979. *L'évaluation de la performance lexicale des Québécois(es)*, Sherbrooke, document de travail n° 14, 113 p. ; Richard LAVALLÉE, avec la collaboration de Pierre MARTEL, 1979. *Les régionalismes dans le français parlé de l'Estrie*, Sherbrooke, document de travail n° 15, 182 p. ; Normand BEAUCHEMIN et Pierre MARTEL, 1979. *Vocabulaire fondamental du québécois parlé*, Sherbrooke, document de travail n° 13, 253 p. ; Normand BEAUCHEMIN et collaborateurs, 1983. *Concordance du corpus de l'Estrie*, Sherbrooke, document de travail n° 19, 5 microfiches ; Normand BEAUCHEMIN, Pierre MARTEL et Michel THÉORET, 1983. *Vocabulaire du québécois parlé en Estrie*, Sherbrooke, document de travail n° 20, 303 p. ; voir aussi le *Dictionnaire de fréquence des mots du français parlé au Québec*, décrit ci-dessus.

Notes

47

2

Un premier type d'aménagement
en fonction du statut de la langue

Jusqu'en 1961, les premières interventions reliées à l'aménagement de la langue au Québec furent essentiellement d'ordre lexicographique et sans aucun plan directeur. On pouvait s'attendre à ce que l'adoption des diverses législations linguistiques favorise l'émergence d'un véritable plan d'aménagement de la langue. En fut-il ainsi ? Nous allons donc, dans ce deuxième chapitre, examiner le rôle qu'a joué l'Office de la langue française, principal organisme mandaté par le gouvernement en matière de langue, et les résultats de ses interventions quant à l'aménagement de la langue (corpus) à travers le Québec.

En 1961, dans le but de renforcer le caractère français du Québec, le gouvernement du Québec crée le premier Office de la langue française, dont le mandat est de « veiller à la correction et à l'enrichissement de la langue parlée et écrite au Québec » (Loi instituant le ministère des Affaires culturelles, 1961, art. 14). *Un organisme de l'État*

Le gouvernement d'alors consacrait ainsi une volonté collective de préserver la nation par le biais de la langue française et se faisait, par ce fait, l'allié d'une grande partie de l'élite socio-culturelle québécoise ainsi que de nombreux groupes et associations qui œuvraient alors dans le même esprit (Daoust 1982 : 1).

Ce premier mandat de l'Office porte essentiellement sur la qualité de la langue. L'Office se consacre d'abord à la définition d'une norme. Conformément à son ouvrage *Norme du français écrit et parlé au Québec*, il préconise un alignement sur le « français international » et rejette tout écart par rapport à la norme française. *Première influence : notre modèle est celui de la France.*

L'Office estime que, pour résister aux pressions énormes qu'exerce sur le français du Québec le milieu nord-américain de langue anglaise, il est indispensable de s'appuyer sur le monde francophone : cela veut dire que l'usage doit s'aligner sur le français international, tout en faisant place à l'expression des réalités spécifiquement nord-américaines.

Ainsi, la norme qui, au Québec, doit régir le français dans l'Administration, l'enseignement, les tribunaux, le culte et la presse, doit, pour l'essentiel, coïncider à peu près entièrement avec celle qui prévaut à Paris, Genève, Bruxelles, Dakar et dans toutes les grandes villes d'expression française.

La norme ainsi conçue doit s'étendre à tous les aspects de la langue : morphologie, syntaxe, phonétique, lexique ; mais pour ce qui est des deux premiers, qui sont d'ordre structural, la variation doit être inexistante. En effet, la morphologie et la syntaxe constituent l'armature de la langue.

Quant à la phonétique, qui est également d'ordre structural, la marge de variation doit être minime et ne tenir compte que de très légères différences d'accent qui s'expriment par des raisons géographiques (ministère des Affaires culturelles 1965 : 6).

Seuls quelques dizaines d'écarts sont tolérés.

L'Office de la langue française concrétise cette norme par la publication d'une courte liste de mots dans sa brochure *Canadianismes de bon aloi*.

Ces mots sont considérés comme étant bien formés, utilisés par les francophones du Québec et répondant à leurs besoins :

Canadianismes remontant au régime français, c'est-à-dire antérieurs à 1760 : *abatis, banc de neige, batture, bleuet, bordages, brûlot, carriole, catalogne, cèdre, coureur de (des) bois, doré, huard, outarde, poudrerie, pruche, rang, raquetteur, suisse, tuque* ;

Amérindianismes, c'est-à-dire des mots empruntés aux langues des indigènes de l'Amérique : *achigan, atoca, cacaoui, canot, maskinongé, ouananiche, ouaouaron, savane* ;

Archaïsmes appartenant à l'ancienne langue française et se rapportant à notre système de mesure : *acre, arpent, boisseau, chopine, demiard, gallon, ligne, livre, mille, once, pied, pouce, verge* ;

Mots servant à exprimer ou à décrire le milieu humain dans lequel nous vivons : *bleuetière, ceinture fléchée, cabane à sucre, comté, érablière, frasil, souffleuse, transcanadienne* ;

50

Enfin, quelques mots d'usage courant témoignant de notre lutte contre l'anglicisme : *vivoir (living room ou living), millage, oléoduc, canton (township), fin de semaine (week-end), traversier (ferry).*

Source : *Canadianismes de bon aloi*, Office de la langue française, ministère de l'Éducation, 1969, 37 p.

Hormis ces mots, l'Office recommande un alignement sur le français international.

En terminant, il convient cependant de faire observer qu'il y a des limites à l'utilisation de canadianismes et que seules sont acceptables les divergences qui se rapportent à des faits de vocabulaire (Office de la langue française 1969 : 4).

Ayant établi une norme linguistique, c'est-à-dire la variété de français qu'il faut valoriser au Québec, l'Office s'attaque à un important travail de correction de la langue parlée et écrite au Québec. Parallèlement, il consacre beaucoup d'efforts à inciter les entreprises et les organismes du Québec à utiliser et à promouvoir le français dans leurs différents champs d'activité. Il s'acquitte de ce double mandat en créant un service téléphonique de consultation linguistique, grâce auquel il répond, surtout oralement, aux interrogations du public en matière d'orthographe d'usage et grammaticale, de typographie, de vocabulaire et de terminologie. Il diffuse également des bulletins et des vocabulaires dans le but de corriger un certain nombre d'écarts par rapport à la norme française et de fournir aux milieux de travail les termes techniques et scientifiques français, amorçant dès lors la francisation des entreprises.

Une politique d'épuration de la langue et d'incitation à l'utilisation du français

À partir de 1969, l'OLF devient un organisme voué à la production et à la diffusion de terminologies.

À la suite de l'adoption de la loi 63, en 1969, le mandat de l'Office s'élargit. Il doit répondre dorénavant aux besoins de francisation des entreprises québécoises. À ce moment-là, il s'agissait de combler trois sortes de besoins : d'abord, assurer le passage de l'anglais au français comme langue du travail et de l'économie (l'anglais était à l'époque la langue prédominante dans ces secteurs d'activité) ; ensuite, faire la démonstration de l'efficacité du français comme langue des affaires et de la technique ; enfin, récupérer la terminologie française déjà disponible et élaborer les nouvelles terminologies pour répondre au développement technologique des entreprises et des industries québécoises.

Une véritable industrie terminologique

L'Office crée et développe alors un vaste champ d'étude appelé terminologie. Le mot « terminologue » est d'ailleurs une création québécoise. La production et la diffusion de nombreuses terminologies spécialisées deviennent l'élément central autour duquel s'articule l'ensemble des travaux de l'Office dans le but d'effectuer un changement linguistique planifié du monde du travail. L'essentiel des activités des terminologues est dirigé vers ce grand objectif : mettre à la disposition des entreprises québécoises la terminologie française dont elles ont besoin pour franciser leurs activités techniques et socio-économiques. Cela donne lieu à une effervescence sans précédent : mise au point d'une méthodologie de la recherche thématique et ponctuelle ; travaux de recherche théoriques et appliqués touchant l'un ou l'autre aspect de la terminologie et de la sociolinguistique ; formation de terminologues ; élaboration et diffusion de lexiques et de vocabulaires conformément à la structure économique et industrielle du Québec ; automatisation des fichiers de terminologie et création, en 1973, de la Banque de terminologie du Québec (BTQ). Le Québec met au point **une véritable industrie terminologique, sans nulle autre pareille à travers la francophonie**, qui aura une influence sur les travaux terminologiques des autres pays francophones, et même de pays ou de régions non francophones (Catalogne, pays basques, Burundi, etc.).

Une intensification du travail de l'OLF

La loi 22, en 1974, puis la Charte de la langue française, en 1977, amènent une intensification du travail de l'Office : les activités de consultations téléphoniques et d'assistance linguistique se multiplient ; les travaux terminologiques foisonnent. (Marie-Éva de Villers, dans son ouvrage *Francisation des entreprises*, publié en 1990, relève plus de 700 publications de type terminologique.)

52

La Charte vise d'abord à une valorisation socio-économique de la langue et touche donc au statut du français au Québec.

La Charte de la langue française poursuivait deux objectifs précis : elle voulait promouvoir le statut socio-économique du français et valoriser socialement la langue française utilisée au Québec. Elle visait l'utilisation généralisée du français dans l'ensemble des activités économiques, sociales et culturelles québécoises. Dans son esprit, cela touchait tous les types de discours publics et de communications officielles. Nous ne nous attarderons pas sur cet aspect de la Charte qui touche la « francisation », c'est-à-dire l'aménagement du statut de la langue au Québec, notamment sur tout le processus administratif mis en place par les gouvernements successifs afin d'en assurer l'application (analyse du fonctionnement linguistique des organismes et des entreprises, délivrance de certificats de francisation, etc.). Notre attention se portera ici encore sur le rôle et sur l'influence de l'Office de la langue française quant à l'aménagement de la langue elle-même.

La Charte et l'aménagement linguistique

De fait, si l'on se réfère à la Charte, l'Office se présente comme un organisme voué à l'aménagement de la langue française au Québec (le corpus). Cinq articles de la Charte définissent le mandat de l'Office en matière d'aménagement de la langue elle-même. Dans l'ordre :

Un mandat précis en matière de normalisation de termes techniques

- l'article 100 :

> Un Office de la langue française est institué pour définir et conduire la politique québécoise en matière de recherche linguistique et de terminologie [...].

- l'article 113 : L'Office doit :

> a) normaliser et diffuser les termes et expressions qu'il approuve ;
>
> b) établir les programmes de recherche nécessaires à l'application de la présente loi.

- l'article 114 : L'Office peut :

> b) instituer des commissions de terminologie, en déterminer la composition et le fonctionnement et, au besoin, les déléguer auprès des ministères et organismes de l'Administration ;
>
> g) assister les organismes de l'Administration, les organismes parapublics, les entreprises, les associations diverses et les individus en matière de correction et d'enrichissement de la langue française parlée et écrite au Québec.

- l'article 116 :

> Les commissions de terminologie instituées par l'Office ont pour mission de faire l'inventaire des mots et expressions techniques employés dans le secteur qui leur est désigné, d'indiquer les lacunes qu'elles y trouvent et de dresser la liste des mots et expressions techniques qu'elles préconisent.

- l'article 118 :

> Dès la publication à la *Gazette officielle du Québec* des termes et expressions normalisés par l'Office, leur emploi devient obligatoire dans les textes, les documents et l'affichage émanant de l'Administration, ainsi que les contrats auxquels elle est partie, dans les ouvrages d'enseignement, de formation ou de recherche publiés en français au Québec et approuvés par le ministre de l'Éducation.

Un aménagement peu explicite en ce qui a trait à l'aménagement de la langue

Ces cinq articles de la Charte justifient juridiquement l'intervention de l'Office en ce qui a trait à l'aménagement linguistique du Québec et précisent les devoirs et les pouvoirs qui lui sont dévolus. Le mandat de l'Office est précis en matière de terminologie et de normalisation des termes techniques ; il a pour objectif global la francisation du monde du travail. Mais le texte de loi n'est pas explicite en ce qui concerne l'aménagement de la langue elle-même. La loi parle d'« enrichissement » et de « correction » de la langue, mais jamais elle ne fait référence à la variété de français qui doit être promue et valorisée ; elle ne confie pas à cet organisme la tâche précise de définir un quelconque standard ou une norme acceptable pour le français écrit et parlé au Québec. Elle ne fait donc pas mention des objectifs à atteindre ni des moyens à prendre pour obtenir ce standard de qualité. Aussi, l'orientation de l'Office dans ce domaine a été variable selon les époques (de très puriste au début, l'Office est devenu de plus en plus favorable à l'acceptation de particularismes québécois). Essentiellement, ses efforts ont porté sur l'amélioration de la qualité de la langue en mettant à la disposition de la population de nombreux services et des activités d'assistance linguistique : services de consultation linguistique, Téléphone linguistique, séances de perfectionnement en français, chroniques et bulletins linguistiques et normatifs, etc.

Les stratégies de l'OLF

Voyons maintenant les stratégies adoptées par l'Office pour s'acquitter de cette partie de son mandat touchant l'amélioration de la qualité de la langue au Québec.

Il importe de noter que l'intervention de l'Office touche essentiellement la langue publique au Québec : celle de l'Administration et des organismes parapublics, celle propre au monde du travail, celle du commerce et des affaires, celle enfin de l'enseignement. L'Office exerce une fonction d'expert-conseil dans la normalisation des terminologies spécialisées et la définition de ce que devrait être la langue officielle, du moins pour cette portion de la langue en usage au Québec. Il a eu par conséquent à faire des choix, à privilégier et à faire la promotion de certains modèles linguistiques. Notons, à titre d'exemples :

Une approche avant tout institutionnelle

- Son guide *Les raisons sociales*, dans lequel il fournit aux entreprises, industries, coopératives, associations et autres, toutes les règles nécessaires à la formulation correcte en français de leur raison sociale (nom légal de l'entreprise). L'Office veut de cette manière promouvoir l'utilisation du français dans l'affichage public.

La promotion de modèles linguistiques

- Ses ouvrages *Le français au bureau ; le Guide d'écriture des imprimés administratifs ; Le français à l'Hôtel de ville, guide à l'intention des secrétaires des municipalités ; Au féminin, guide de féminisation des titres de fonctions et des textes ; le Répertoire toponymique du Québec*, de la Commission de toponymie, etc. L'Office oriente ainsi la rédaction administrative et commerciale et la Commission de toponymie, pour sa part, statue en matière de rédaction et de modification des noms de lieux au Québec.

- Ses travaux de révision de textes législatifs et de manuels scolaires ; la conduite des commissions de terminologie ministérielles ; la révision des dénominations des organismes de l'Administration, et autres.

Ces publications, travaux et activités ont sans aucun doute orienté l'usage linguistique au Québec. Nous avons fait ressortir, dans notre premier ouvrage consacré à la qualité de la langue au Québec, l'influence des textes législatifs et de l'Administration publique sur la langue officielle et, par ricochet, sur la langue d'usage de l'ensemble des Québécois et Québécoises. Dans ce sens, nous ne pouvons passer sous silence le rôle et l'impact de la Commission de terminologie de l'Office de la langue française et des commissions de terminologie des divers ministères du Québec. Comme suite aux travaux de ces com-

L'aménagement de la langue générale passe par la normalisation terminologique.

missions, quelque 2000 termes, des ouvrages complets dans certains cas, ont fait l'objet soit d'un avis de normalisation soit d'un avis de recommandation. Dans le premier type d'avis, l'emploi est obligatoire dans les documents officiels ; quant au deuxième type d'avis, sans en rendre l'utilisation obligatoire, l'Office, en recommandant un terme, un ouvrage ou une pratique langagière, indique une préférence susceptible d'orienter l'usage (voir l'article 118 de la Charte).

Rappelons à cet égard que la normalisation, ou la standardisation, est une intervention explicite et consciente en vue de favoriser un usage par rapport à tous les autres ; elle se justifie chaque fois que l'efficacité de la communication est compromise par la variation linguistique ; c'est pourquoi elle touche surtout l'usage institutionnalisé de la langue. Par exemple, l'existence de synonymes, particulièrement dans les vocabulaires spécialisés, représente l'une des principales causes de normalisation.

Des énoncés de politique qui orientent l'usage.

De même, l'Office a dû faire des choix ponctuels pour répondre aux interrogations du public par l'intermédiaire de ses divers services d'assistance linguistique offerts à l'ensemble de la population québécoise. Cela l'a amené à prendre position, entre autres, sur la légitimité des « régionalismes » ou « québécismes » et des emprunts à l'anglo-américain et à proposer des critères devant servir à la reconnaissance officielle d'un certain nombre de termes propres au français québécois. Toutefois, l'objectif visé par ces deux publications, soit l'*Énoncé d'une politique relative à l'emprunt de formes linguistiques étrangères* et l'*Énoncé d'une politique relative aux québécismes,* est clair : ces énoncés s'intéressent en priorité au volet terminologique de la langue française au Québec ; l'Office y donne son avis sur la communication institutionnelle ou officielle, essentiellement écrite, dans le cadre délimité par la Charte de la langue française et dans le registre soutenu de la langue française au Québec.

Un aménagement qui se limite au lexique spécialisé : les autres composantes de la langue sont laissées de côté.

Ces énoncés concernent surtout l'usage technique et scientifique de la langue française ; toutefois, ils rejoignent la langue courante, car la frontière entre les usages de la langue générale et ceux de certains vocabulaires spécialisés est ténue, voire inexistante. En effet, bon nombre de termes propres à l'alimentation, aux vêtements, au transport, aux appareils et fournitures de bureau, à l'informatique, aux appareils électroménagers et autres sont le plus souvent perçus comme des mots appartenant à la langue commune et répertoriés dans les dictionnaires de langue. C'est, sans aucun doute, ces ouvrages qu'il faut consulter pour mieux cerner les notions de « norme », de « standard » ou de « qualité de la langue » préconisés par l'Office. On retiendra néanmoins que ces énoncés se réfèrent surtout à des circonstances de discours terminologiques et qu'ils n'embrassent que l'aspect lexical, laissant de côté toutes les autres composantes de l'étude de la langue.

Toutefois, même s'ils se limitent à la « portion spécialisée » du vocabulaire français, ces énoncés indiquent clairement l'intention des Québécois et Québécoises d'autogérer cette part qui leur est propre en matière de langue. Ils s'inscrivent dans une démarche plus globale qui vise à définir pour le Québec une norme appropriée. Par ailleurs, les auteurs de ces énoncés mettent en relief l'absence d'une description complète du français aujourd'hui utilisé au Québec.

Une certaine ouverture sur la valorisation de la langue utilisée au Québec

Aussi, l'essentiel du travail de l'Office, fidèle à son mandat en matière d'aménagement linguistique, a porté sur l'aménagement terminologique. L'Office a fourni aux entreprises et aux organismes québécois, et ce, massivement et sur une période de temps relativement courte, les terminologies de base (vocabulaire de l'administration, termes techniques généraux propres aux différents domaines de l'activité économique du Québec), leur permettant de se conformer aux exigences de la loi. Parallèlement, il a mis des linguistes-conseils à la disposition des entreprises pour évaluer leurs besoins linguistiques et les aider à mettre sur pied les travaux terminologiques appropriés. De fait, dans le contexte de la francisation des entreprises, l'aménagement terminologique a touché à la fois l'aménagement du statut de la langue (on voulait que les entreprises fonctionnent en français) et l'aménagement du corpus ou de la langue elle-même (on voulait que la terminologie utilisée soit de bonne qualité).

L'essentiel du travail de l'Office en matière d'aménagement linguistique a porté sur l'aménagement terminologique.

Toutefois, après une période de certification, de diffusion de lexiques et de vocabulaires, on s'est vite rendu compte qu'il ne suffit pas de fournir la terminologie pour assurer l'utilisation réelle de cette terminologie par le personnel de l'entreprise. Il faut en outre veiller à provoquer un changement des attitudes,

Les limites de cet aménagement terminologique : peu ou pas d'implantation véritable

une modification des habitudes, à faire valoir le bien-fondé du changement demandé, les bénéfices qu'on peut en retirer, etc. Bien que l'Office ait réfléchi à cet aspect des choses, il n'a pas véritablement mis en œuvre tous les moyens nécessaires pour modifier le comportement linguistique des personnes. Les questions relatives à la manière d'amener le groupe visé à modifier ses habitudes linguistiques et à utiliser les terminologies proposées sont restées en suspens. Après plusieurs années vouées à l'aménagement terminologique, l'évaluation faite par l'Office lui-même est très sévère :

> Dans la perspective de l'aménagement terminologique (et aussi du développement terminologique d'une langue), il faut se débarrasser de l'idée reçue qui veut que les produits terminologiques (dictionnaires, lexiques, vocabulaires) soient seulement des outils servant à la traduction de textes spécialisés, à leur encodage ou à leur rédaction. Conçus spécifiquement pour une clientèle de traducteurs, de rédacteurs spécialisés, ils ont été voués à des rôles essentiellement statiques qu'illustre bien le rangement qu'on en fait sur les tables de travail ou mieux sur des étagères parfois, mais hélas plus souvent dans les tiroirs. [...] Bref, on ne peut que constater l'absence d'une planification véritable et surtout d'une stratégie d'intervention dirigée vers les groupes cibles (Auger 1984 : 28, 29).

Ce problème relevé en 1984 n'est malheureusement pas résolu :

> [...] nous ne possédons pas de données sur l'utilisation réelle et effective des terminologies françaises en milieu de travail et l'absence de mécanismes structurés et permanents d'enquêtes à l'Office de la langue française n'est qu'une explication ultime du manque de coordination observé dans la stratégie générale de l'intervention en milieu de travail (Martin 1996 : 9).

Passer de la connaissance passive à l'utilisation effective

Comme suite à cette évaluation, une obligation se dessine : tout au long de l'élaboration d'un vocabulaire, en passant par sa normalisation jusqu'à son implantation réelle et durable en milieu de travail, il faut s'assurer de conserver le consensus des milieux visés de manière à prévenir et à contrecarrer les résistances au changement linguistique. Il faut en outre tenir compte de la variation terminologique, c'est-à-dire de l'emploi de termes se référant à une même notion, mais différents selon divers niveaux ou registres de langue (de l'écrit soigné à l'oral familier).

> La variation linguistique, et il en va de même pour la variation terminologique, est un phénomène naturel. Les différents types de

discours spécialisés, les diverses catégories de circonstances de communication amènent une variation terminologique encore insuffisamment explorée par les terminologues. En effet, l'étude des aspects pragmatiques et textuels de la terminologie ne fait que commencer. Pourtant, il est de plus en plus admis que l'étude de la terminologie, indépendamment du discours qui la produit et qui produit la variation, reste partielle et insatisfaisante pour l'aménagement linguistique (Loubier, Rousseau 1994 : 9).

Il importe enfin de fournir une terminologie composée non seulement du terme lui-même, mais encore des mots qui constituent son environnement syntaxique dans la phrase, de manière à permettre aux utilisateurs et utilisatrices un emploi fonctionnel de ces termes dans le discours. Beaucoup de chemin reste encore à faire pour mettre au point des outils théoriques et méthodologiques fiables visant à l'implantation réelle d'une terminologie en milieu de travail. En ce sens, la socioterminologie nous apporte des éléments de réflexion des plus intéressants :

La socioterminologie cherche à réintroduire la terminologie dans la pratique sociale qu'est tout discours, entendu comme lieu et forme de rapports de force, de négociation de sens, d'équilibre toujours précaire entre besoins et types de dénomination, comme lieu et forme produit par des positions socio-idéologiques et les produisant aussi. Trois grandes tâches peuvent lui être assignées :

1. L'observation et la description des usages réels, avec leurs variations dans le temps, l'espace et la société [...]

2. L'identification des réseaux de diffusion des termes c.-à-d. des manières dont les terminologies sont infuses et diffuses dans les milieux professionnels [...]

3. La définition des enjeux de la terminologie comme discipline, notamment dans le cadre en évolution des industries de la langue, de l'intelligence artificielle, de l'ingénierie des connaissances (Gambier 1994 : 205).

Il importe néanmoins de noter qu'au fil des ans, l'animation a toujours été présente au sein des activités de l'Office, mais à des degrés très variables. Elle a été notamment au cœur de la stratégie adoptée par les quelque dix bureaux régionaux de l'Office répartis à travers le Québec. Les différentes activités d'animation mises sur pied avaient essentiellement pour but un certain alignement du français sur le français de France,

L'animation : l'élément clé d'une stratégie d'implantation linguistique et terminologique

l'amélioration de la qualité de la langue et l'implantation de la terminologie française en milieu de travail.

Diverses expériences d'animation ont été menées, notamment la mise sur pied de comités interentreprises et intra-entreprises et la réalisation d'expériences réelles d'implantation terminologique dans quelques grandes entreprises québécoises. À titre d'exemples, mentionnons la raffinerie Aigle d'or (aujourd'hui Ultramar), Transport Brazeau, Chaussures H.H. Brown, les concessionnaires automobiles, les papetières, etc. Somme toute, beaucoup d'efforts ont été consentis pour l'élaboration d'outils d'implantation terminologique visant l'animation des milieux concernés (mini-lexiques, affiches, chroniques, guides, jeux, et autres). On peut regretter toutefois que l'on ait fait si peu de recherches systématiques sur l'implantation terminologique elle-même et sur les liens entre la normalisation terminologique et l'implantation réelle des terminologies en milieu de travail. Nous ne disposons pas non plus de données précises faisant suite à l'évaluation scientifique des expériences d'implantation menées dans les entreprises, ce qui nous empêche actuellement de nous prononcer sur l'état d'avancement de l'implantation du français au sein des divers milieux de travail québécois.

Un manque de recherches systématiques sur l'implantation terminologique

Enfin, de l'avis même des responsables de l'Office de la langue française, dans ce souci d'aménagement de la langue technique, il ne faut pas minimiser l'importance de la formation :

Ne pas minimiser l'importance de la formation.

> Il faut évidemment privilégier la formation, la formation des jeunes avant leur entrée sur le marché du travail et la formation des travailleurs dans les milieux de travail, tout en ne minimisant pas l'importance de sensibiliser les travailleurs à l'utilisation d'une terminologie française appropriée (Bouchard 1995 : 76).

De fait, dans notre premier ouvrage consacré à la qualité de la langue, nous avons fait état de l'importance d'assurer aux travailleurs et travailleuses, ainsi qu'aux élèves qui intégreront sous peu le milieu du travail, l'acquisition des compétences linguistiques minimales :

> Il importe, y disions-nous, d'abord de développer l'enseignement du français en tenant compte de son incidence sur la réalité socio-économique du Québec et d'adapter une partie de l'enseignement du français aux exigences du marché du travail, car un trop grand nombre de travailleurs et travailleuses n'ont pas une maîtrise suf-

fisante de la langue. Il apparaît donc essentiel d'enseigner les habiletés linguistiques nécessaires à l'oral et à l'écrit pour les différentes catégories de travailleurs et travailleuses et de leur fournir en priorité la formation et les outils dont ils ont besoin.

En outre, même si elles n'ont pas à se substituer au réseau scolaire, les entreprises doivent contribuer à améliorer la maîtrise de la langue dans les milieux de travail. L'entreprise et l'école doivent travailler en étroite collaboration. [...] (Cajolet-Laganière, Martel 1995 : 118).

Pour conclure

Comme on l'a vu, la Charte de la langue française n'est pas du tout explicite quant à l'aménagement de la langue générale. L'Office avait donc toute liberté, mais il a préféré ne pas se prononcer officiellement sur une politique générale en matière de langue commune. Il s'est plutôt concentré sur l'aménagement de la langue technique, notamment par l'officialisation de termes et de pratiques langagières, et par ses nombreux travaux terminologiques. Sa stratégie générale a été d'aborder les questions de langue commune au moyen de la langue technique. Mais la frontière n'est pas étanche entre les deux et c'est là, essentiellement, qu'il faut chercher pour mieux cerner la notion de « norme », de « standard » ou de « qualité de la langue » préconisée par l'Office. Il faut rattacher à cela les critères d'acceptation figurant dans les deux énoncés de politique précédemment mentionnés, l'un relatif aux emprunts, l'autre touchant les québécismes.

Une stratégie qui consiste à améliorer la langue commune au moyen de la langue technique

Par ailleurs, force nous est de reconnaître l'apport de l'Office en matière d'aménagement et d'implantation terminologiques, notamment par la publication de plus de 700 documents terminologiques (lexiques, vocabulaires, dictionnaires, etc.) touchant les domaines techniques les plus divers de l'activité économique québécoise. Plusieurs centaines de milliers d'exemplaires de ces documents ont été diffusés au Québec et dans le monde entier. Il nous faut également reconnaître les répercussions des activités d'assistance linguistique offertes à la population (élaboration et diffusion de la Banque de terminologie du Québec, qui compte quelque trois millions de termes, services de révision et de consultation linguistiques, diffusion de guides, de bulletins et de chroniques linguistiques, tenue de séances de perfectionnement en français auprès des divers publics cibles de l'Office, etc.). L'Office a en outre été le maître d'œuvre et le chef de file auprès de centaines d'entreprises et d'organismes de divers types dans ce travail d'élaboration et de diffusion de terminologies à travers le Québec. Enfin, on peut lui savoir gré d'avoir tenté de définir pour le Québec une norme langagière appropriée. **Mais il nous faut chercher ailleurs une véritable politique globale d'aménagement de la langue commune au Québec, c'est-à-dire une politique qui viserait à hiérarchiser les divers usages du français au Québec.**

3

La réflexion théorique sur l'aménagement de la langue au Québec

Dans les années qui ont suivi l'adoption de la Charte de la langue française, la réflexion sur la «qualité de la langue» et son «aménagement» a fait l'objet d'une intense activité. C'est surtout chez les spécialistes, linguistes, aménagistes, enseignants et enseignantes du français et responsables d'organismes que le débat a eu lieu. Mais, du même coup, on doit constater que le fruit des réflexions de ces spécialistes de la langue n'a cependant pas été diffusé dans le grand public, qui ignore encore presque tout des études portant sur le français québécois et sur ses composantes.

Une réflexion approfondie

La qualité de la langue et la question de la norme lors de l'adoption de la Charte de la langue française

Au lendemain de l'adoption de la Charte de la langue française, qui a coïncidé avec la fin de la querelle du «joual» (voir chapitre 2 de *La qualité de la langue au Québec*), le Conseil de la langue française a tenu un grand colloque sur «la qualité de la langue... après la loi 101» (automne 1979). À la suite des échanges lors de cette rencontre et des diverses opinions émises alors par les responsables de la politique linguistique, trois principaux constats ont été dégagés à l'époque:

1- Le statut et la qualité de la langue sont liés.

Selon les auteurs de la Charte, «le statut de la langue est lié à sa qualité et l'amélioration de la qualité ne fera que renforcer le statut de la langue». (Camille Laurin dans CLF 1980: 18)

Aussi n'a-t'on pas jugé opportun d'intervenir sur la qualité de la langue, car on a cru que la langue s'améliorerait en même

Qualité et statut de la langue seraient liés.

temps que son statut s'affirmerait au sein de la société québécoise (dans l'affichage, comme langue de travail, etc.).

2- La Charte n'a pas défini ce qu'on entendait par «en français».

Le législateur utilise l'expression «en français», mais ne précise pas à quoi renvoie cette notion.

> [...] dans l'esprit du législateur (lorsqu'il parle du français), il ne s'agit certainement pas de n'importe quel charabia [...]. «En français» signifie «en bon français», selon la norme du français d'ici, c'est-à-dire fondamentalement le français commun, tel qu'on le trouve décrit dans les grammaires et les dictionnaires, auquel s'ajoutent les particularités admises, officiellement ou non, par la société québécoise (Corbeil 1980: 106).

3- On a estimé enfin que le problème de la qualité de la langue ou de la norme se réglerait de lui-même.

À la fin de sa période de réflexion, le Conseil de la langue française est arrivé à la conclusion qu'il était inopportun de rouvrir le débat sur la qualité de la langue, en général, et sur la norme du français québécois, en particulier, croyant que la question était en train de se régler d'elle-même.

À notre avis, il serait non opportun pour le Conseil, dans la poursuite de sa tâche d'animation et de recherche, d'entrer dans une phase de légitimation et de définition d'une norme québécoise. Car pour y parvenir, il faudrait mettre en route tout un mécanisme de définition et de description de la norme, des pratiques linguistiques actuelles. Il vaut mieux procéder par domaines, par vécus linguistiques, et œuvrer avec les gens du milieu, dont le dynamisme est grand, à des descriptions plus restreintes des modèles. Le Comité organisateur souligne donc au Conseil qu'il ne semble pas utile de définir globalement la norme du français au Québec (CLF 1980: 242).

Ainsi, le colloque de 1979 a convaincu le Conseil qu'il valait mieux ne pas intervenir dans le domaine de la qualité de la langue, et qu'il fallait plutôt privilégier l'animation. Dans un avis transmis au ministre Camille Laurin, en mars 1980, un comité du Conseil émet des recommandations sur l'établissement de services d'assistance linguistique dans les secteurs des médias et de l'Administration publique; il ne suggère aucune autre mesure visant à améliorer la qualité de la langue et à établir une norme linguistique pour le Québec.

Il faudra attendre en 1990 pour que le Conseil change d'opinion et recommande au gouvernement de créer un fonds québécois de données linguistiques en vue de la rédaction d'un grand dictionnaire du français québécois; le tout devait s'insérer dans un véritable plan d'aménagement de la langue au Québec.

Des difficultés surgissent... en fait, elles ne faisaient que continuer!

Durant la décennie qui a suivi l'adoption de la Charte, la politique du laisser-faire en matière de qualité de la langue et de norme au Québec a vite posé des difficultés que les spécialistes n'ont pas tardé à mettre en évidence. Comme on peut s'en douter, la norme du français de France, à laquelle on avait incorporé une petite liste fermée de «canadianismes», n'a pas satisfait les besoins langagiers des Québécois. L'anecdote du procès du «motelier» de Sainte-Anne-de-Beaupré n'a été qu'un épiphénomène, mais il est surtout révélateur d'un malaise beaucoup plus large et profond des Québécois et Québécoises vis-à-vis de la norme du français.

En 1986, ce «motelier» subit un premier procès pour avoir affiché dans une langue autre que la langue officielle (la première question soulevée était celle de l'affichage); *office* étant un mot anglais, on a postulé que la langue utilisée était l'anglais; on lui reprochait d'avoir utilisé le mot *office* en lieu et place de *bureau*. De plus, le mot *office* était considéré comme un anglicisme parce qu'il a un équivalent exact en français. Selon de nombreux experts, un mot faisant double emploi doit être rejeté si «l'authentique mot français est menacé».

Un procès qui en dit long.

Un expert a fait valoir par ailleurs que ce mot était largement répandu et employé chez nous et qu'il était consigné dans les lexiques et les glossaires (Dionne, Clapin, *Le Glossaire*), ce qui indique que ce mot est utilisé au Québec depuis au moins 100 ans, donc qu'il est entré dans l'usage, qu'il est très répandu et compris de tous. Dans la présentation du *Petit Robert*, cependant, les auteurs précisent: «Nous n'avons pas signalé les emprunts contre lesquels une partie des Québécois responsables des questions linguistiques combattent». Le juge se demande si la langue française proscrit tout anglicisme et si le mot *office* ne fait pas justement partie de ces emprunts contestés par les puristes québécois.

Dans le *Dictionnaire des anglicismes* de Josette REY-DEBOVE et Gilberte GAGNON, édition de 1980, les auteures donnent les deux sens du mot *office*; au deuxième sens, on peut lire ceci: «Au sens matériel de *bureau*, «local de travail», *office* est un anglo-américanisme condamné; **sauf au Canada**, il ne s'emploie guère en français qu'à propos des bureaux américains...» Il ne faisait donc aucun doute pour le juge que ce mot appartient à l'usage québécois. Le tribunal constate ensuite que la langue française ne rejette pas tout anglicisme (*mail, comté, place*). Il accorde donc «à l'appelant le bénéfice du doute raisonnable qu'ont créé chez nous l'ensemble de la preuve et les diverses autorités soumises à son appui». Le tribunal annule alors le premier verdict de culpabilité et la sentence: l'accusé est déclaré non coupable et acquitté (voir *Bienvenue* 1990).

Ce procès a mis en évidence l'absence de **norme** ou de **modèle** du français québécois, cause fondamentale, selon les spécialistes, du peu de progrès de la qualité de la langue au Québec[8]. De plus, on s'interroge sur la notion même de langue française et sur sa variation dans l'espace. De fait, toutes ces questions ont été débattues par les spécialistes de la langue, lors de rencontres ou de colloques qui ont eu lieu depuis l'adoption de la Charte de la langue française.

On trouvera à la fin de ce livre une bibliographie des principaux ouvrages qui ont abordé, en tout ou en partie, les divers aspects touchant l'aménagement de la langue au Québec. Devant l'abondance des réflexions émanant des spécialistes, tant québécois qu'européens, il n'est possible d'en retenir que quelques-unes directement liées à notre propos.

Des notions à distinguer

Le français: la langue des francophones

Une nouvelle conception de la langue française

Depuis l'accession à l'indépendance des anciennes colonies françaises et l'édification de la francophonie, le concept de *langue française* s'est transformé. Jusqu'à récemment, le français était la langue de la France et pour ainsi dire l'apanage des Français. Cette réalité entraînait la conception d'une seule norme du français, celle que véhiculaient les dictionnaires et les grammaires publiés le plus souvent à Paris. D'ailleurs, le terme même de «français» entretient la confusion entre le premier sens de «appartenant ou relatif à la France» et le second sens se rapportant au mot *langue* dans le syntagme «langue française», qui est la langue commune à tous les francophones.

Une conception variationniste de la langue française

De la grande variation linguistique à l'échelle de la francophonie sont apparus une nouvelle réalité linguistique et, en même temps, un malaise face à notre réalité. Cet embarras vient d'abord du fait que le concept de variation semble contraire à l'esprit français, puisque le français est devenu, depuis la Révolution de 1789, un des moyens importants d'assurer l'unité nationale de la France, grâce à l'imposition de la seule norme de Paris à tous les citoyens du pays. La centralisation politique de la France s'est en effet accompagnée d'une centralisation linguistique très poussée, ce qui n'a pas été le cas, à la même échelle, dans certains autres pays européens, qu'il s'agisse de l'Italie ou de l'Allemagne, pays où la variation des usages normés a fait et fait toujours partie d'habitudes linguistiques fort bien reçues par les sujets parlants.

Le français des francophones est multiple.

Comme suite à cette prise de conscience de la diversité linguistique, on a dû admettre l'existence de divers usages dans une société donnée. En effet, devenu une langue de grande diffusion, le français a pris de ce fait des colorations particulières et différentes selon les pays (variation géographique), les couches sociales (variation socioculturelle) et les époques (variation temporelle). La conception variationniste, découlant de cette prise de conscience, a entraîné la redéfinition du concept de langue française, qui cesse d'être associée à la variété française de France (en fait celle de Paris) pour recouvrir la totalité des usages de cette langue dans les différentes régions où on l'utilise. Ne faut-il pas s'étonner que, pour des Québécois et autres francophones, la norme demeure encore unique et centralisée à Paris?

Non pas une mais des normes

La francophonie ne doit pas se donner comme objectif l'usage du même français pour tous, c'est-à-dire une même manière pour tous de parler français, soit en somme la plus grande illusion qui plane sur nous, ou qui nous soit proposée (Corbeil 1981a : 274, 280).

Le mythe d'une seule et même norme pour tous s'en est donc trouvé éclaté. Les francophones doivent maintenant mettre au point une stratégie de la variation linguistique. Cette stratégie s'articule autour de l'existence d'un noyau linguistique central qui assure l'intercompréhension des pays entièrement ou partiellement de langue française. Les francophones doivent valoriser ce qu'ils ont en commun sur le plan linguistique, en général les structures profondes de la langue (les règles syntaxiques, morphologiques...) et accepter la variation des faits de surface (notamment le vocabulaire).

Ainsi, la nouvelle conception de la langue française pose l'existence de plusieurs normes légitimes de l'usage du français avec, en corollaire, l'acceptation de la variation linguistique et une stratégie de communication neutralisant les variantes quand la situation de communication l'exige (Corbeil 1986 : 60). On verra que cette nouvelle vision de la langue entraîne pour nous l'existence d'un usage autonome du français au Québec.

Une seule langue française mais plusieurs variétés de français

Une seule langue française pour tous les francophones

Cette nouvelle conception permet d'abord de maintenir l'unicité de la **langue française** (voir **F** dans le schéma à la fin du chapitre). Ainsi, il ne saurait exister qu'une seule langue française qui comprend, par exemple, la totalité du vocabulaire connu et utilisé par tous les francophones. Cette langue est cependant une abstraction, car tout locuteur, qu'il soit Français (Parisien, Marseillais, etc.), Belge (Bruxellois, Namurois, etc.), Québécois (Montréalais, Sherbrookois, etc.), Africain (Marocain, Sénégalais, etc.), ou autre, parle le français, mais un français nécessairement marqué par des mots, un accent, des tournures du pays où il est né et où il vit. Cette langue unique et abstraite correspond à l'essentiel du code de la langue française.

Le français de référence

Le **français de référence** (**FR** dans le schéma) doit être distingué du français de France. Il n'est pas possible de connaître parfaitement, ou complètement, la langue française, car aucun ouvrage ne contient tous les emplois (mots, expressions, etc., utilisés par l'ensemble des francophones) appartenant à cette langue. Par contre, nous pouvons nous en faire une bonne idée en consultant les grammaires et les différents dictionnaires du français contemporain, comme le *Nouveau Petit Robert, Le Petit Larousse illustré, Le Trésor de la langue française* (Édition du CNRS, Nancy, France; 16 tomes), etc. Le **français de référence**, nous le rappelons, est celui qui est décrit par ces dictionnaires, moins les mots, les sens, les emplois d'usage restreint et marqués (voir note 2 de l'introduction).

Cette langue correspond au français de référence.

Si l'on ne peut observer directement la langue elle-même, système abstrait et mental, par contre, on entend et on lit des **DISCOURS**, c'est- à-dire des **TEXTES** français qui sont émis par l'un ou l'autre des millions de francophones. Ces discours écrits ou oraux sont observables et peuvent être décrits.

Le français québécois

Un sous-ensemble de **DISCOURS** est constitué de tous les textes écrits et oraux formant le français québécois. De plus en plus de gens se demandent comment nommer le français parlé et écrit au Québec. Est-ce une langue différente du français utilisé en France, que l'on pourrait désigner par *le québécois*? Doit-on l'appeler *français régional* ou *français national*? Au fil des ans, la notion de «français québécois» a constamment évolué. On note deux époques marquantes.

Notre français est québécois.

• Le français québécois vu comme une variété régionale

Jusqu'au début des années 1980, le *français québécois* a été perçu comme une variété régionale du français. C'est pourquoi les descriptions du français québécois des époques antérieures se contentent de présenter des particularismes, des différences spécifiques du français québécois par rapport au français de France. Ces différences prennent la forme soit de conservatismes hérités de la France (archaïsmes et dialectalismes), soit

Évolution de la notion de français québécois

d'innovations québécoises (emprunts et innovations, voir chapitre 2, *La qualité de la langue au Québec* et tout le premier chapitre du présent volume). De plus, à cette époque, les relevés lexicaux portaient essentiellement sur la langue parlée, familière et populaire.

Le français québécois, en tant que variété régionale du français, est presque toujours décrit par rapport à ce dernier; il s'agit surtout de rechercher et d'analyser les différences spécifiques de la variante québécoise. En général, les études montrent qu'au niveau du lexique et de la prononciation, grâce à une accumulation de conservatismes de France et d'innovations québécoises, le français québécois est un français régional très fortement marqué (Martel 1984 : 39).

Il ne faut pas confondre une région et un pays.

• Le français québécois vu comme une variété nationale

En 1986, le linguiste Franz Joseph Haussman apporte un élément nouveau à la réflexion sur le français québécois, en suggérant de le considérer comme une variante nationale du Québec, au même titre que le français en France même, et non plus comme une variante régionale.

En réalité, région n'est pas région et régionalisme n'est pas régionalisme. On ne peut assigner au Québec, à la Belgique wallonne ou au Sénégal le statut de région au même titre qu'à l'Ouest de la France. De par leur souveraineté nationale, ces unités géolinguistiques méritent la dénomination de pays tout autant que la France. Les particularités lexicales de ces pays par rapport au français de France ne sont donc pas des régionalismes. Ils ne constituent pas une variante régionale de la langue française mais une variante nationale (Hausmann 1986 : 4).

Cet auteur soulève en outre une question de fond :

Les Français considèrent naturellement le québécois comme une variante extérieure de leur langue. Mais pourquoi les Québécois ne considéreraient- ils pas à leur tour le français de France comme une variante extérieure de leur langue ? (Hausmann 1986 : 5)

Aussi le français québécois en arrive-t-il à être défini comme une variante nationale, extérieure du français de France, et nos particularités lexicales, à ne plus être considérées comme des régionalismes.

Des notions connexes à celle de français québécois

Plusieurs variantes terminologiques ont été employées pour désigner le français québécois : *franco-québécois* (Guilbert 1976), *québécois contemporain* et *français d'ici* (Boulanger 1990), *franco-canadien* et *français canadien* (Corbett 1990). Ce sont toutefois les prises de position sur la notion de *français québécois standard* ou de *français standard d'ici* qui permettent le mieux de dégager l'idéologie et les orientations actuelles des principaux spécialistes de la langue au Québec.

Les français nationaux

Les français nationaux comprennent de grands ensembles géographiques. D'abord ceux où le français est la langue maternelle de l'ensemble de la population, c'est-à-dire l'Europe et l'Amérique du Nord. En Europe (**FE** dans le schéma), on distingue le français de France (**FF**), le français de Belgique (**FB**) et le français de Suisse (**FS**). En Amérique du Nord (**FA** dans le schéma), on distingue deux principales variétés : le français acadien (**Fac** incluant le français de la Louisiane, etc.) et le français québécois (**FQ** incluant également tout le français à l'ouest du Québec). Les français nationaux peuvent donc être définis *comme étant la langue parlée et écrite dans l'un des cinq pays où le français est la langue maternelle : France, Belgique, Suisse, Québec et Acadie.*

Tous les français nationaux contiennent des français régionaux.

Aussi définit-on aujourd'hui le **français québécois** *comme étant l'ensemble des usages linguistiques constituant la variété de français utilisée sur le territoire du Québec.* Par immigration, ce français s'est répandu à l'ouest du pays, notamment en Ontario et au Manitoba. Le français québécois comprend lui-même des variations attribuables à divers facteurs, soit géographique, soit temporel, soit social ou encore de registre de langue.

Les français régionaux

Les français régionaux (voir schéma) existent en France, en Belgique, en Suisse et au Québec. Ils représentent l'ensemble des usages linguistiques d'une communauté francophone bien circonscrite sur le plan géographique (y compris Paris). Les français régionaux représentent alors les usages des régions : il peut donc y avoir des mots régionaux tant en France qu'au Québec. Le terme *régionalisme* désigne ainsi toute particularité de l'une ou l'autre de ces variétés de français.

La variation linguistique au Québec

Au Québec, parler d'un seul «français québécois» est en réalité une fiction. Il est certain, en effet, qu'un Gaspésien parle différemment d'un Montréalais de l'est de la ville, et cela, même s'ils discutent de sujets communs. On sait aussi que les personnes âgées n'emploient pas toujours le même vocabulaire que les jeunes. Il y a des prononciations, des tournures, des mots qui sont employés par les uns et non par les autres. À la limite, on peut même dire qu'il y a autant d'usages que de sujets parlants (qu'on appelle la *variation idiolectale*).

De la même façon que toutes les communautés disposent de plusieurs variétés linguistiques, la plupart des personnes maîtrisent plusieurs «variétés», «registres» ou «niveaux de langue». Selon la situation de communication où elle se trouve (en famille, avec des amis, avec des collègues), une personne peut s'exprimer d'une manière plutôt que d'une autre, que ce soit consciemment ou inconsciemment. En choisissant de s'exprimer dans un style plutôt que dans un autre, un locuteur communique déjà une grande quantité de renseignements sur lui-même, sur la situation dans laquelle il se trouve, sur le type d'effet qu'il veut produire chez son interlocuteur, sur la relation qu'il veut établir entre ce dernier et lui-même (Claire Lefebvre 1984 : 292).

Tout français national possède des niveaux de langue.

Mais, s'il faut constater qu'il y a plusieurs usages au Québec, il faut reconnaître également qu'il existe un usage standard. Aussi, ne faut-il pas confondre «usages» et «bon usage».

Cette précision autour de la variation interne au français québécois est nécessaire et aurait pu nous éviter maints débats il y a quelques décennies. Le Conseil de la langue française a fait le constat suivant à ce propos :

C'est ainsi que, par exemple, dans la célèbre «querelle du joual», on a souvent cherché à extrapoler à l'ensemble de la population du Québec le parler particulier d'une classe sociale de Montréal, en éliminant de la discussion le parler des autres classes et en évitant de tenir compte de la question des utilisations officielles de la langue. On en venait ainsi à opposer deux utopies : d'un côté, une langue littéraire privée de variation sociale et géographique, et de l'autre, un sociolecte présenté comme la langue de tout un peuple. C'est là, nous semble-t-il, une vision réductrice de la réalité, car elle évoque la hiérarchisation lexicale qui existe dans le vocabulaire québécois (CLF 1990c : 29).

Le français commun

Enfin, le **français commun (FC)** est celui qui est partagé par tous les francophones. Le français commun devrait se définir *comme tout et uniquement tout ce qui est commun aux locuteurs du français, indépendamment de la variation linguistique sous toutes ses formes.* Il est impossible à l'heure actuelle de repérer avec exactitude ce français commun, car les différents français ne sont pas encore tous décrits, mais on peut imaginer, par exemple, que tout le vocabulaire fréquent, appelé vocabulaire fondamental, appartient à ce vocabulaire commun. Par exemple, *monde, enfant, petit, pouvoir, aimer, chose, père, femme, affaire, vie, espace, mort,* etc.

Le français commun à tous les francophones

Non plus une seule norme mais des normes

Dans notre réflexion sur l'établissement d'une norme québécoise, il importe de distinguer deux sens importants du mot «norme» : la **norme linguistique**, qui relève de l'observation objective de la langue, et la **norme sociale**, laquelle est unique et décrit le «bon usage», le modèle linguistique idéal. Ainsi, au lieu de parler de **la** norme, ce singulier trompeur (Rey 1983), nous devons parler **des** normes, puisqu'il y en a plusieurs.

La norme linguistique

La **norme linguistique** relève de l'observation des discours quotidiens d'une langue. Elle correspond aux différents usages des personnes, c'est-à-dire à tout ce qui est d'usage commun et courant dans une communauté linguistique. L'énoncé *le table* est inacceptable pour tous les francophones ; par contre, *une*

La norme correspondant au fonctionnement de la langue

grosse érable est la «norme» pour un sous-groupe (langue familière au Québec). Une personne se retrouvant dans un milieu différent doit nécessairement s'adapter à la norme linguistique d'un nouveau milieu. Le Français arrivant dans un garage au Québec doit, s'il veut être compris, demander une *familiale* ou une *station wagon* et non un *break*; de même qu'un Québécois en France doit parler d'*aiguilles* (à tricoter) et non de *broches*. Si l'expression *ma voiture fait x milles au gallon* correspond encore à l'usage oral de la plupart des Québécois, l'utilisation du système métrique (kilomètre, litre...) est la «norme» du français écrit technique et officiel (fiche de description des voitures, manuel d'utilisation, etc.). Il y a donc autant de normes linguistiques (d'usages) qu'il y a de groupes et de sous-groupes dans une société donnée.

La norme sociale

La norme correspondant aux valeurs sociales et communes d'une société

À côté de cette norme linguistique existe une **norme sociale** ou prescriptive, laquelle constitue l'étalon selon lequel sont mesurées les diverses réalisations linguistiques produites dans une société donnée. Autrement dit, il s'agit du modèle dominant ou idéal, doté d'un prestige, au sein d'une communauté linguistique. La norme sociale inclut les dimensions autoritaire et évaluative. C'est de cette norme qu'il est question lorsqu'on parle de la «qualité de la langue» ou de la langue «correcte» (voir l'introduction de notre premier volume, p. 10 et suivantes).

Alors que la norme linguistique correspond aux différents usages réels, la norme sociale relève de la hiérarchisation de ces usages, où chacun de ces derniers est évalué et situé par rapport aux autres, mais les défenseurs de la «norme sociale» donnent l'impression que cette norme est «la norme», réduisant ainsi à une seule ces multiples manifestations (Corbeil, 1980: 85). Il s'agit véritablement d'un jugement social, qui classe et hiérarchise les usages linguistiques en fonction d'un système de valeurs. C'est généralement la classe des gens instruits, l'élite intellectuelle, qui valorise tel ou tel usage. Le français standard très soigné, promu par des organismes comme l'Office de la langue française, constitue un sous-ensemble officiel du français valorisé; nous pouvons parfois le distinguer en l'appelant français québécois standard officiel.

Parallèlement, les usages qui ne sont pas conformes à cet usage valorisé socialement, même s'ils sont largement employés, sont relégués à d'autres niveaux de langue; par exemple, à un niveau oral seulement, comme certains mots du parler traditionnel (*trâlée, achaler,* etc.), à des emplois régionaux (*bombe* et *canard* au sens de «bouilloire»), à des emplois ruraux (*godendart* au sens de «scie passe-partout»), à des niveaux de langue familier ou populaire (*char* au sens de «voiture»), etc.

Dans le cas des langues à grande diffusion, il peut arriver que plusieurs normes dominantes, solidement établies, entrent en concurrence et se hiérarchisent à leur tour, comme les normes américaine et anglaise. Il y a donc une hiérarchie des normes sociales, parmi lesquelles on peut distinguer la **supranorme**, à l'échelle de la francophonie, et l'**infranorme**, le modèle linguistique des Québécois. Ainsi, il est toujours loisible à quelqu'un, fidèle à la supranorme, d'employer le mot «mouffle» à la place de «mitaine» ou de refuser la féminisation de son titre. Par ailleurs, nous croyons qu'il existe au Québec un usage soigné, c'est-à-dire une infranorme, et que, depuis la Révolution tranquille, le parler traditionnel (oral) n'est plus le seul parler de notre élite. Les Québécois sont arrivés au point où, possédant l'ensemble de leur langue, ils doivent maintenant procéder à la description de leurs usages, et surtout de leur usage standard (voir chapitre 4). Enfin, l'explicitation de la norme sociale entraîne comme étape subséquente que cette hiérarchie des usages, comprenant le français québécois standard, soit respectée et diffusée et qu'à cette fin soit mis sur pied un plan d'aménagement de la langue.

Il est devenu évident que la francophonie se doit de reconnaître et d'admettre l'existence de normes nationales de l'usage, c'est-à-dire des infranormes, autour d'un noyau linguistique central qui assure l'intercompréhension de pays entièrement ou partiellement de langue française (Corbeil 1981a : 274, 280).

La hiérarchisation des normes

Quel est le fondement de la norme sociale?

Si la qualité de la langue doit être conçue comme étant la généralisation d'un des usages d'une langue érigée en modèle pour la communication institutionnalisée, la notion de norme sociale repose sur une simple convention sociale. On voit donc que la question de la norme relève autant de la sociologie et de la politique que de la linguistique.

L'usage public reflète et façonne la norme.

Le principe essentiel est que, dans les sociétés industrialisées, qui se caractérisent par une organisation très diversifiée de tous les pouvoirs, politique, économique, culturel, au travers d'institutions comme l'État, les syndicats, les partis, les associations, les médias, le système scolaire, etc., l'usage que chacun fait de la langue est fortement orienté, influencé par la langue de ces institutions. La qualité (moyenne) de la langue d'une population est le reflet de tous les systèmes de communication publique, car la véritable source du français québécois standard est multiple :

- la langue de l'**État** et de ses organismes publics et parapublics au travers leurs communications institutionnalisées ;

- la langue **écrite**, sous toutes ses formes, notamment grâce aux nombreux textes littéraires ;

- la langue **parlée** «soignée» de la radio et de la télévision ;

- la langue **enseignée** qui, en principe, valorise le français québécois standard.

Il existe une norme interne au français québécois.

Il existe une norme du français québécois.

Les spécialistes se sont abondamment prononcés et sont largement majoritaires à poser l'existence d'une norme propre au français québécois :

> J'ai l'impression toutefois qu'il faut une norme québécoise au Québec, et non une norme française (Hausmann 1986 : 21).

> Une norme québécoise existe. La seule définition possible de cette norme est la description lexicographique des usages lexicaux québécois, eux-mêmes complexes, puisqu'ils sont constitués de formes lexicales (mots, syntagmes, expressions) de significations véhiculées par les formes et, surtout, de valeurs attribuées aux couples forme-sens (Corbeil 1988 : 73).

Les spécialistes la définissent.

L'Association des professeurs et professeures de français fut la première, en 1977, lors de son congrès annuel, à proposer une définition de cette notion de français québécois standard.

Le français standard d'ici est la variété de français socialement valorisée que la majorité des Québécois francophones tendent à utiliser dans les situations de communication formelle (AQPF 1977 : 11).

Cette définition a le mérite d'avoir suscité la discussion au Québec sur la langue standard à privilégier et sur la légitimité de l'usage québécois. On constate que le choix d'un référent, même interne, quant à cet usage légitime, a suscité de nombreuses prises de position chez les linguistes. Ainsi, en 1984, on parle d'un modèle local rattaché au style des annonceurs de Radio-Canada.

Depuis quelques années, on parle d'un modèle local d'un français dit « correct » dont l'exemple le plus évocateur nous est fourni par les annonceurs de Radio-Canada [...] (Claire Lefebvre 1984 : 291).

En 1986, Jean-Denis Gendron relie cet usage prédominant au discours de la nouvelle classe moyenne.

Aussi imparfait, incomplet et imprécis soit-il encore à ce jour, un modèle prédominant d'utilisation du lexique est à prendre forme au Québec, qui conduit déjà à distinguer des registres de discours et à y caser les mots selon la valeur sociale et stylistique qu'on leur accorde. [...] le nouvel usage prédominant, en voie de se créer dans le discours public ou encore officiel — parlé ou écrit — de la nouvelle classe moyenne (Gendron 1986 : 95).

En 1988, Pierre Auger fait référence à la variété standard de la couche moyenne supérieure assez fortement scolarisée.

Il faut donc tenter de définir le plus exactement possible cette langue standard [...]. Et là, je viserais assez haut quant à la norme, quelque chose comme la variété standard de la couche moyenne supérieure assez fortement scolarisée (Auger 1988 : 63).

En 1990, Claude Simard assimile cette norme à l'usage « soigné » des francophones du Québec dans les « circonstances officielles et à l'écrit ».

Dans les circonstances officielles et à l'écrit, ils [les Québécois] privilégient un usage soigné qui forme le français québécois standard par rapport auquel tous les autres niveaux de langue s'ordonnent (Simard 1990 : 39).

Nous avons nous-mêmes, à plusieurs reprises, déploré l'absence de description de cette norme du français d'ici.

Les Québécois, on le voit, ont un urgent besoin d'instruments langagiers fiables, de très haute qualité, dans lesquels ils auraient une confiance totale [...]. Mais, à l'heure actuelle, aucun ouvrage, aucun dictionnaire ne livre une description complète, juste et fiable des usages et du bon usage de la langue française au Québec (Martel 1990: 48).

Très peu de Québécois nient l'existence d'un français québécois standard.

Ceux qui n'adhèrent pas à ce consensus ne sont maintenant qu'une faible minorité. Parmi ces derniers, on peut citer Monique Nemni qui, en 1993, a adopté un point de vue diamétralement opposé. Selon cette dernière, le français québécois standard n'est pas encore décrit tout simplement parce qu'il n'existe pas.

En 1990, le Conseil de la langue française affirmait encore l'existence de ce québécois standard [...] et se plaignait que ce « français québécois standard» n'était pas encore décrit et «qu'une des graves lacunes tenait à l'absence de travaux sur les usages standard du français au Québec. [...]. La raison est simple : c'est que par expérience tout le monde sait que ce français québécois standard relève du mythe et qu'on ne peut trouver de spécificité québécoise que dans les registres familiers et populaires. La défense du «joual» s'est faite dans le français le plus standard (Nemni 1993: 33).

La nécessité d'un référent interne au français québécois

Il y a nécessité de se référer d'abord à nous-mêmes.

La reconnaissance d'une norme québécoise du français suppose un jugement implicite sur la valeur sociale des mots. Certes, on a toujours porté de tels jugements sur le lexique, mais ce qui est nouveau, au Québec, c'est que le référent tend à devenir « interne». De plus, nous avons pris conscience de la nécessité primordiale d'en référer d'abord à nous-mêmes, à nos besoins linguistiques propres, ainsi qu'à nos catégories sociales du langage. On s'accorde généralement pour dire que cette norme doit découler des usages linguistiques du Québec et non de ceux d'un autre espace de la francophonie, nommément ceux de la France (Gendron 1986: 89). Jean-Claude Corbeil s'exprime en des termes analogues, tout en ajoutant l'aspect culturel rattaché à la langue :

La raison essentielle, dont tout le reste découle, m'apparaît être la définition et l'illustration de la norme lexicale reconnue par la communauté linguistique d'appartenance, norme qui ne peut être

78

celle d'une autre communauté, pour la raison fondamentale que la légitimité linguistique ne peut provenir que de la communauté elle-même, et parce que c'est le seul moyen d'intégrer au lexique, avec leur valeur exacte, tous les éléments de la culture de la communauté (Corbeil 1986 : 59).

Autrement dit, il existe un *référent québécois* du langage, par rapport auquel on peut juger, en premier lieu, de la valeur sociale et stylistique des mots et des prononciations.

Le rapatriement du jugement sociolinguistique des Québécois se présente comme un autre effet de la Révolution tranquille. Celle-ci s'est accompagnée d'une prise de conscience générale chez les Québécois francophones, qu'ils formaient une société originale, ayant droit à l'autonomie de développement et de jugement sur toute chose, sur toute activité. Et donc, sur la langue (Gendron 1990 : 38).

En outre, tous et toutes, nous formulons tous les jours des jugements sur la langue, et ce, en l'absence d'un ouvrage de référence sur la perception réelle que nous avons de nos usages comme communauté. Jacques Maurais a rappelé l'importance de prendre aussi en considération les jugements que les locuteurs portent eux-mêmes sur leurs propres usages.

Nous formulons nos propres jugements sur notre langue.

Et selon le Conseil de la langue française, « on ne peut pas se juger à partir d'une norme venue de l'extérieur, car un tel comportement ne fait qu'entretenir un sentiment d'infériorité. Il faut cependant ajouter que, si les Québécois tiennent à avoir une description de leurs usages linguistiques, [...] ils ne veulent pas faire de séparatisme linguistique par rapport au français international » (1990c : 30).

Pas de séparatisme linguistique

La nouvelle vision suppose une conception autonomiste de soi-même comme communauté linguistique ; elle suppose également l'adoption d'un style soigné et prédominant de parole et d'écriture, qui engendre une catégorisation des niveaux de langue, de la prononciation et du lexique.

La nécessité de rester des francophones à part entière

Comme suite à cette conceptualisation de la variation linguistique, plusieurs linguistes, de même que le Conseil de la langue française, ont réaffirmé la nécessité de maintenir le lien avec les autres francophones :

Le CLF, partageant totalement l'opinion exprimée par Mme Madeleine Sauvé, alors grammairienne à l'Université de Montréal, a affirmé qu'il excluait a priori «tout processus d'isolement linguistique qui séparerait le français du Québec de la langue française, considérée comme l'une des très grandes langues internationales» (Martel 1992 : B8).

Ainsi, nous pouvons considérer qu'il existe un usage autonome de la langue française au Québec, usage qui se laisse décrire comme pluriel, mais qui est rattaché indiscutablement à la langue française, langue commune à tous les francophones.

La description du français québécois doit être globale et non différentielle.

Décrire uniquement les québécismes ou tous les mots du français québécois?

«Il est faux de prétendre [...] que le français québécois est simplement formé de français additionné d'un certain nombre de québécismes», disait Josette Rey-Debove, coauteure du *Petit Robert*, à un journaliste québécois (Rey-Debove 1983). En effet, le français québécois n'est pas composé de bon français (celui des dictionnaires de France) mêlé de traits spécifiques québécois, qu'ils soient des anglicismes, des néologismes, etc. Il faut donc abandonner le concept de français régional et la méthodologie de la comparaison qui en découle.

Selon que l'on perçoive le français québécois comme français régional ou comme français national, on a appliqué l'une ou l'autre des deux méthodes de description : la méthode différentielle et la méthode globale.

La méthode différentielle

Continuer la comparaison avec le français de France?

Dans le premier chapitre, nous avons montré que la majorité des travaux consacrés à la description du français québécois sont fondés sur une orientation «différentielle» ou «comparative», c'est-à-dire qu'ils n'étudient que ce qui, dans le français québécois, s'écarte du français de Paris. Nous croyons que cette méthode, qui consiste à étudier le français utilisé au Québec essentiellement comme un ensemble d'écarts, contribue à marginaliser notre communauté linguistique et à entretenir le sentiment d'insécurité linguistique des Québécois et Québécoises. En effet, la variété témoin ou la norme étant le français de

France (tel qu'on le retrouve dans les dictionnaires et les grammaires), les «particularismes» relevés sont ceux d'un parler régional par rapport au français de France. Au Québec, on appelle *québécismes* ces mots caractéristiques du français québécois.

Le regroupement des mots en «-isme»

Le regroupement de mots sous des qualificatifs en «-isme» découle de la méthode différentielle et consiste à marquer les éléments jugés propres à un usage «régional du français». On qualifie ces usages de «québécismes», «canadianismes», «archaïsmes», «dialectalismes», «anglicismes», «amérindianismes», «belgicismes», etc., selon leur provenance. Ces écarts sont généralement perçus négativement. Signaler dans un texte ou à une personne que tel mot, telle tournure est un «québécisme» ou un «belgicisme», c'est indiquer en même temps que ce terme n'appartient pas au français selon la supranorme acceptée jusqu'à présent. La norme se situe à l'extérieur de la communauté dont on veut décrire la langue.

Cette méthode présente en outre un certain nombre de difficultés ou de lacunes : d'abord, il est difficile de repérer tout ce qui varie car, comme nous l'avons vu ci-dessus, nous ne disposons pas de données comparables et exhaustives du français de France pas plus que du français du Québec. De plus, cette méthode accentue la marginalité de la langue utilisée au Québec et ne permet pas de décrire de façon rigoureuse et complète le français qui y est utilisé. Elle oblige à faire une sélection dans le repérage des particularités, ce qui entraîne une bonne part de subjectivité. De surcroît, si certains écarts sont considérés comme étant «de bon aloi», certains autres sont laissés sans statut. Enfin, et c'est là notre principale objection, la norme ainsi reconnue se situe à l'extérieur de la communauté dont on veut décrire la langue.

La méthode globale

La méthode globale, quant à elle, considère le français québécois comme la langue d'une communauté linguistique pour

Tous les mots en usage ici sont propres au français québécois.

81

laquelle il n'existe pas de variété témoin. Le français québécois devient alors une variété nationale, au même titre que le français de France, de Suisse ou de Belgique. Cette approche met l'accent sur l'autonomie des langues nationales, complètes en soi. C'est cette approche que nous privilégions dans ce chapitre et dans le suivant.

Considérer la totalité des faits linguistiques, y compris les faits communs

Pour pouvoir décrire le lexique d'une communauté homogène, il faut regarder ce lexique avec les yeux des locuteurs de cette communauté et le décrire en conséquence. Le lexique québécois est coloré par la géographie, l'histoire, le contexte sociopolitique. Cette méthode a l'avantage d'intégrer dans la description tous les éléments culturels, sociologiques, connotatifs, etc., qui sont reliés au vocabulaire en usage sur un territoire donné. Selon Jean-Claude Corbeil (1986 : 59), le français du Québec devrait être décrit comme s'il était la langue d'une seule et unique communauté linguistique. Tous les mots en usage devraient être recensés et tous les sens relevés, en prenant pour norme l'usage légitime québécois. Ce n'est qu'après cette description d'un usage qui nous est propre que pourra s'établir une comparaison avec la France et les autres communautés de langue française.

Découlent de ce principe d'une description globale, c'est-à-dire non différentielle du français québécois, deux exigences qu'il faut garder à l'esprit :

Deux raisons pour une description complète du français québécois

1- Le besoin d'une norme lexicale pour l'usage de la langue dans les communications institutionnalisées (son absence explique que la Charte de la langue française donne actuellement à l'Office de la langue française le pouvoir de normaliser la terminologie). En effet, une série de besoins nouveaux se sont créés avec l'affirmation du français comme langue officielle du Québec, qui exigent l'explicitation de la norme lexicale du français. Et nous avons besoin de cette norme explicite pour tout, depuis l'étiquetage des produits de consommation courante jusqu'à l'enseignement de la langue maternelle, en passant par la rédaction des textes législatifs et réglementaires. Ce n'est pas une vue de l'esprit, mais un besoin social très fortement ressenti actuellement par la communauté. Il faut donc postuler que notre communauté possède une norme lexicale, comme toute communauté normalement organisée (Corbeil 1986: 294).

2- La nécessité d'enrayer le sentiment d'insécurité linguistique des locuteurs québécois, surtout lorsqu'ils font face à des choix linguistiques et qu'ils cherchent sur quelle légitimité les fonder.

La valeur symbolique du lexique

Le lexique d'une langue constitue le révélateur par excellence non seulement de la situation matérielle de la communauté linguistique dans laquelle il est utilisé, mais aussi de sa situation sociale, économique, religieuse, etc. Il n'y a pas, en effet, de sous-système linguistique qui ne soit aussi fortement porteur de valeurs socio-symboliques (Lavoie et Paradis 1988: 13). Et c'est justement sur le plan du lexique que s'est le mieux manifestée, ces dernières années, la prise de conscience par les Québécois et Québécoises de leur spécificité linguistique.

C'est surtout le lexique qui véhicule nos spécificités.

En effet, on note que le vocabulaire, en raison même de son caractère explicite, sert de marqueur d'appartenance à une communauté linguistique particulière, de moyen d'affirmation de sa propre identité culturelle et, à la limite, d'instrument de lutte politique et idéologique. Que l'on se rappelle, par exemple, l'emploi par des écrivains québécois du français populaire urbain comme moyen de faire prendre conscience de l'aliénation culturelle et économique de la nation québécoise, ou, sous d'autres lieux, la tentative de créer un nouveau vocabulaire des institutions, lors de la Révolution française, expérience reprise de nos jours par certains gouvernements africains (Corbeil 1986: 58).

La nécessité d'«instrumenter» la langue au Québec

Il y a un recours obligé quotidien à la norme par un grand nombre d'usagers qui cherchent des guides, des instruments de référence, des critères de conduite. Tant que nous n'aurons pas décrit dans des ouvrages de référence le français que nous avons promu comme langue officielle, il nous manquera toujours un outil essentiel pour l'épanouissement linguistique des Québécois et Québécoises. C'est, pour les spécialistes, l'aspect le plus important d'une problématique de la qualité et de l'aménagement de la langue au Québec.

Le dictionnaire complet du français québécois constitue l'instrument par excellence de notre communauté linguistique.

Cette idée ne date pas d'hier. En effet, dès 1914, Adjutor Rivard a été le premier à rêver d'un «dictionnaire du français à l'usage des Canadiens, dictionnaire des mots de la langue académique, et aussi des bons mots canadiens-français» (cité par Poirier 1986 : 274).

Plus près de nous, des lexicographes français ont été des défenseurs éclairés du dictionnaire complet du français québécois. Nous retiendrons deux interventions à ce sujet :

> Après plus de quinze ans de réflexion dans tous les domaines, il apparaît qu'au niveau de la langue le dictionnaire québécois est un besoin dont l'origine est linguistique, bien sûr, mais aussi sociologique. Il découle de toute cette identification que veut se donner le Québec. On a beaucoup de choses à nommer et il faudrait conserver dans un grand livre ces actes de naissance des mots (Guilbert 1976 : 46).

> [...] la seule façon de réaliser un bon dictionnaire québécois consisterait donc à «partir de zéro» et à «décrire le français québécois comme s'il s'agissait de la seule langue au monde» [...]. Mais la lexicographe insiste sur cette «notion fonctionnelle», sur le fait que le français québécois forme un tout complet en soi et structurellement distinct du français de France (Rey-Debove 1983 : 24).

Au Québec, c'est Pierre Auger, alors responsable des travaux terminologiques à l'Office de la langue française, qui, le premier, a relancé l'idée de ce dictionnaire :

> L'idée d'un dictionnaire synchronique du français québécois qui proposerait aux Québécois un modèle adapté à leur situation sociolinguistique serait peut-être une solution plus adéquate pour le Québec. D'autres États se sont lancés dans cette vaste entreprise. Je songe ici au dictionnaire de l'espagnol mexicain en voie d'élaboration à l'Université de Mexico sous la direction du professeur Lara. Une telle entreprise doit nécessairement s'appuyer sur de solides travaux préalables touchant entre autres le choix, la

définition et l'élaboration d'un modèle normatif. L'avenir nous dira si une telle entreprise est possible et souhaitable pour le Québec (Auger 1981 : 116).

En 1985, alors que les organisateurs du colloque « La lexicographie québécoise/Bilan et perspectives » (voir la bibliographie) défendaient leur projet de dictionnaire historique et différentiel du français québécois en cours d'élaboration, Jean-Claude Corbeil, appuyé principalement par Jean-Denis Gendron et Jacques Maurais, a convaincu les participants et participantes de la nécessité de procéder à l'élaboration d'un dictionnaire synchronique et complet du francais québécois :

> Si j'arrive à soutenir le besoin actuel d'un dictionnaire global, d'un dictionnaire complet du français québécois, c'est probablement parce que j'ai travaillé beaucoup à l'aménagement linguistique et que je sais que, maintenant, il y a une série de besoins nouveaux qui se sont créés avec l'affirmation du français comme langue officielle du Québec, qui exigent l'explicitation de la norme lexicale du français (Corbeil 1986 : 293).

Une année plus tard, lors du colloque organisé par Claude Poirier sous le titre « Pour un dictionnaire du français québécois/ Propositions et commentaires », tous les participants et participantes défendent l'idée du dictionnaire du français québécois.

La dernière prise de position publique importante a été celle du Conseil de la langue française, qui, dans *Rapport et avis* transmis au ministre responsable de l'application de la Charte de la langue française, formulait la recommandation suivante :

> [...] le Conseil de la langue française RECOMMANDE que l'organisme responsable de la gestion du fonds soit aussi responsable de la rédaction d'un grand dictionnaire du français québécois en plusieurs volumes (CLF 1990c : 62).

Pour conclure

L'essentiel des points de vue présentés dans ce chapitre, et discutés lors de rencontres tenues au cours de la dernière décennie par les linguistes et les spécialistes de la langue au Québec, recueillent un large consensus.

Qu'il s'agisse du modèle linguistique à suivre (qu'il soit oral ou écrit), de la nécessité de décrire la norme du français

Un large consensus existe dans la communauté scientifique québécoise.

85

québécois, de l'urgence de rédiger un dictionnaire complet du français québécois, une large majorité des membres de la communauté scientifique du Québec en est arrivée à une vision commune du plan d'action dont il faudrait doter le Québec en matière d'aménagement de la langue. Sur tous ces points, les débats ont eu lieu et les participants en sont arrivés maintenant à un point de convergence. **Ce qui a été pensé et dit n'a toutefois pas été fait. Le travail de réalisation demeure entier...**

Note

8. De façon un peu analogue, la loi relative à l'emploi de la langue, adoptée en France en 1994, proscrit tout anglicisme pour lequel existe un équivalent français dans les contrats (de service public) de même que dans les marques de fabrique, de commerce ou de service. À notre connaissance, très peu de poursuites judiciaires ont été entreprises contre ceux qui commettent des infractions et aucune n'a donné lieu à une condamnation.

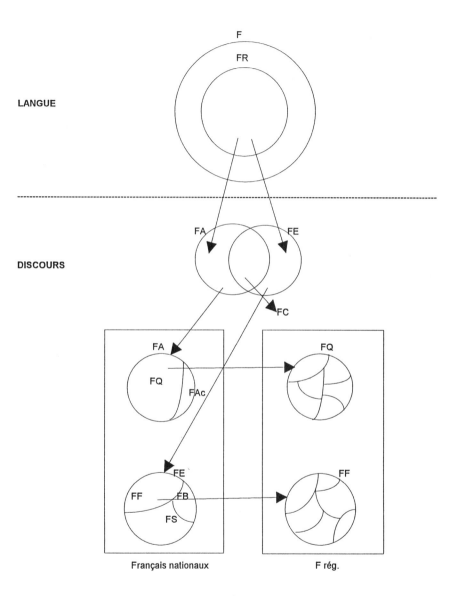

SCHÉMA
LE FRANÇAIS ET SES VARIÉTÉS

4

Vers un aménagement planifié
de la langue au Québec

Comment aborder la mise sur pied d'un véritable plan d'aménagement de la langue au Québec?

À l'oral, il existe un modèle de prononciation accepté et décrit.

D'abord existe-t-il un français québécois standard?

Depuis quelques années, de nombreux Québécois et Québécoises, spécialistes ou non, se rallient autour d'un modèle national de français parlé «correct», actualisé par les annonceurs et annonceuses de Radio-Canada, plus particulièrement dans les bulletins de nouvelles, un modèle que l'on appelle fréquemment le «style radio canadien» (Claire Lefebvre 1984: 291). Pour le linguiste Jean-Denis Gendron, le référent québécois développé par la nouvelle classe moyenne, en ce qui concerne la prononciation, a pris une forme relativement définie: il s'agit d'un moyen terme entre le modèle européen et le vieux modèle québécois.

Sans le vouloir et sans le savoir [...], on est ainsi en voie de créer, au Québec, une hiérarchie sociale des prononciations, les unes étant jugées «bien», les autres plus ou moins vieilles, désuètes, populaires, rurales, vulgaires, jouales, etc. Il ne faut pas oublier ici l'action régulatrice de la radio-télévision d'État, qui imprime depuis longtemps déjà à la prononciation et au vocabulaire du discours public, à caractère fonctionnel, une orientation normative, Radio-Canada ayant toujours eu une vive conscience de son rôle dans l'établissement d'une forme soignée de langue de communication publique. C'est d'ailleurs par la radio et la télévision que le nouveau modèle de langue parlée a le plus de chance d'atteindre les Québécois et de s'imposer à leur conscience linguistique, si ce n'est pas dans l'usage que tous font quotidiennement de la langue (Gendron 1986: 93).

89

Rappelons en outre que l'Association des professeurs et professeures de français a reconnu et approuvé officiellement comme modèle de prononciation celui des annonceurs et annonceuses de Radio-Canada. Ce modèle «oral» de prononciation du français québécois a de plus fait l'objet de plusieurs descriptions. Les Québécois et Québécoises, enfin, sont généralement conscients de l'existence d'une norme soignée d'ici, qui diffère sur un certain nombre de points de celle de Paris. Le linguiste Denis Dumas donne comme exemple le phénomène de l'affrication des dentales, c'est-à-dire le fait qu'ici les consonnes /t/ et /d/ se transforment en /tz/ et /dz/ lorsqu'ils sont suivis de /i/ ou de /u/. Ce phénomène de l'affrication est socialement neutre, si bien qu'on le retrouve sans surprise dans le registre formel de la langue, que ce soit lors de la lecture d'un bulletin de nouvelles, lors des émissions d'affaires publiques et dans les discours officiels. Ce phénomène d'affrication, s'il est accepté, ne doit cependant pas être trop appuyé phonétiquement. Un Québécois qui n'utilise pas ce trait lorsqu'il parle est perçu comme d'origine acadienne ou européenne. «Si, à d'autres indices, c'est visiblement un locuteur québécois, le fait chez lui sera vu plus ou moins défavorablement comme un signe de pédanterie, de préciosité mal placée» (Dumas 1986 : 263 et suiv.).

Les traits essentiels de ce modèle de prononciation québécoise

Un modèle défini de prononciation québécoise

Nous tirons de l'article PRONONCIATION, du *Dictionnaire du français Plus*, certains éléments fondamentaux de ce modèle de prononciation québécoise.

1. Les traits prosodiques

a) L'énergie articulatoire dans les mots et les groupes de mots de plusieurs syllabes porte sur la première et la dernière syllabe au détriment des syllabes intermédiaires, qui alors s'abrègent et tendent même à s'effacer : cat(é)chisme, or(e)iller, prof(e)sseur, racc(o)mmoder, c'est c(o)mmode, etc. ; cette tendance rythmique va à l'encontre des habitudes élocutoires du français parisien.

90

Nous croyons que ce trait ne fait toutefois pas l'unanimité.

b) La tendance à conserver, surtout en syllabe inaccentuée, une durée demi-longue aux voyelles /e/ et /a/, aux nasales, ainsi qu'aux voyelles allongées par les consonnes /r/ - /z/ - /j/ comme dans *banquet, emprunter, tomber, pinceau, têtu, pâté, maison, neiger,* et autres mots.

2. L'articulation des voyelles

a) La voyelle /e/ diffère du français parisien actuel. L'opposition entre *tête* et *tette, bête et bette, bêle et belle,* etc., se maintient fermement en français québécois, alors qu'elle est pratiquement disparue en français parisien.

b) La voyelle /e/ possède donc, en français québécois, un double timbre (qualité sonore); l'un moyennement ouvert, /e/ (dans *tette, bette, belle*), l'autre, très ouvert, /e/ (dans *tête, bête, bêle*).

c) En français québécois, on maintient fermement la distinction entre le /a/ dit antérieur ou «clair» et le /a/ dit postérieur ou «grave», comme dans *pâte* et *patte, mât* et *ma, tâche* et *tache,* etc.; en outre, en français québécois, la qualité du /a/ postérieur est très grave, en particulier comme voyelle finale de nombreux mots: *chat, cadenas, débarras,* etc., et comme voyelle accentuée suivie de la consonne /R/: *phare, part, quart, tard,* etc. (en langue parlée populaire, ces mots deviennent des homophones de *fort, port, corps* et *tord*). Ce /a/ postérieur est aujourd'hui atténué de façon variable dans le parler soigné, où il se présente toujours cependant comme un /a/ nettement postérieur. Ainsi, le parler du Québec maintient fermement, par l'intermédiaire des deux /a/, les oppositions phonologiques ou significatives entre les paires de mots mentionnées ci-dessus, alors que ces oppositions se trouvent pratiquement annulées dans le parler de Paris.

d) L'opposition dans la prononciation de /un/, dans *lundi, un, brun*... et /in/, dans *brin, fin, lin*... est maintenue en français québécois, alors qu'en français parisien, le son /in/ est généralisé.

3. L'articulation des consonnes

La prononciation de /ts/ et /dz/ devant les voyelles fermées /i/ et /u/ (*petit, dimanche, endurer*, etc.), quoique réalisée faiblement, est généralisée.

Enfin, un ouvrage a été préparé dans le but de hiérarchiser les traits de prononciation québécoise à l'intention du personnel enseignant et des élèves (Ostiguy, Tousignant 1993). Il en résulte des usages différenciés.

Outre les traits spécifiques de prononciation, l'usage oral présente au Québec d'autres particularismes, dont il faut tenir compte dans l'aménagement de la langue. Certains linguistes ont entrepris d'établir une grammaire de l'oral. Selon eux, le français québécois «possède des règles rigoureuses, cohérentes, complexes et de même nature que celles du français. Simplement, elles sont différentes». Dans son récent ouvrage intitulé *Grammaire de l'oral québécois*, Jean-Marcel Léard a explicité plusieurs spécificités québécoises; nous y renvoyons le lecteur (Léard 1995).

Le modèle de l'écrit est à expliciter.

À **l'écrit**, il existe aussi un modèle québécois, mais il n'a pas encore été décrit.

Touchant l'établissement d'une norme québécoise du français écrit, les Québécois sont divisés sur ce sujet. De fait, en l'absence de toute explicitation d'une telle norme, ils ont développé quatre options ou visions des choses qui s'opposent les unes aux autres, à l'heure actuelle, dans le discours québécois sur la langue.

1- Un alignement inconditionnel sur le français de Paris

Pour les tenants de cette pensée, la seule option linguistique valable pour les Québécois est d'aligner leurs écrits sur le français de France, correspondant lui-même au français de Paris. Pour eux, le seul français digne d'être décrit est celui qu'on retrouve dans les dictionnaires et les grammaires françaises (*Le Robert, Le Petit Larousse, Le bon usage* de Maurisse Grevisse, etc.). On nomme puristes, les tenants extrêmes de ce courant; ils sont à la limite ultime de cette position; ils s'opposent farouchement à toute reconnaissance du français québécois ainsi qu'à la moindre variation officielle de ce parler par rapport au français de Paris.

Rappelons que, dans les dictionnaires français, le mot purisme a un caractère péjoratif :

> Caractère des écrivains qui ne s'attachent qu'à la pureté du langage, et qui croient avoir atteint à la perfection du style lorsqu'il ne leur est point échappé de faute contre la langue (Littré).

> Souci excessif de la pureté du langage, de la correction grammaticale, par rapport à un modèle intangible et idéal (NPR).

Les représentants de ce courant puriste sont d'ailleurs critiqués par la plupart des spécialistes. Selon Gilles Lefebvre, les puristes, comme Gérard Dagenais, n'ont pas su reconnaître les nuances, non plus que le rôle indispensable des réalités socioculturelles dans la formation et les usages d'une langue dont la perfection n'est jamais atteinte. Il affirme :

> En d'autres termes, le choix linguistique d'inspiration européenne, notamment le « français hexagonal », se base apparemment sur une certaine idéologie de l'élitisme culturel et social, plutôt que sur une position clairement identifiée, politiquement parlant, ou même un modèle bien défini de société (Gilles Lefebvre 1984 : 277).

Le français québécois : la langue d'un ghetto ?

Pour la plupart des partisans de cette option, le français du Québec devrait être le même que celui qui est parlé et écrit en France. Le fait de parler une langue qui diffère de celle des Français conduit invariablement à un enfermement, à un ghetto culturel que tout immigrant voudra fuir.

> On aura beau chercher l'ennemi à l'extérieur, sermonner l'Institut Pasteur, interdire les affiches anglaises et transformer la loi 101 en objet de culte, rien n'empêche que ce qui menace le plus le français au Québec, c'est ce processus d'enfermement linguistique par lequel nous dilapidons notre plus précieux héritage : une langue de dimension internationale (Gagnon 1989).

2- Le courant joualisant

Parallèlement à l'option d'un français unique, le franco-français des années 1960, un autre mouvement a pris naissance au Québec vers la même époque, un mouvement sociopolitique et culturel, qui a reçu l'appellation de «joualisant». C'est l'option du «joual» comme parler propre aux Québécois.

À partir de la réflexion socioculturelle collective que le joual déclencha chez nous, un mouvement socio-politique (et culturel) est né dans les années soixante, parallèlement à la vague de purisme dont nous avons parlé précédemment. Il s'agissait de Parti-Pris, essentiellement inspiré par les littéraires politisés, et qui adoptèrent et assumèrent comme symbole de notre aliénation collective [...] les formes de langue québécoises considérées comme les plus basses, méprisées, de préférence les variétés argotiques, surtout à base de franglais (Gilles Lefebvre 1984: 280).

Les «joualisants» purs sont peu nombreux à l'heure actuelle; le représentant le plus célèbre fut et reste certainement Léandre Bergeron.

3- Le courant québécisant

Nous devons classer dans cette troisième catégorie les auteurs des récents dictionnaires de la langue française au Québec, car, par rapport à la position précédente, ils sont nettement plus nuancés; il s'agit des rédacteurs du *Dictionnaire du français Plus* et de ceux du *Dictionnaire québécois d'aujourd'hui*. Pour ces lexicographes, en effet, il importe de décrire dans des dictionnaires québécois uniquement l'usage de la langue au Québec et de la considérer comme une langue indépendante du français de France. Pour cela, ils suppriment les marques topolectales ou géographiques, qui indiqueraient au lecteur le caractère québécois exclusif d'un mot ou d'un sens. Cette option prive le lecteur de toute référence au français international, ne sachant jamais si les mots qu'il y trouve sont communs ou non à tous les francophones. Ces ouvrages décrivent de façon prioritaire le français parlé et familier du Québec. Même si leur dessein est surtout descriptif, du fait que ce français oral soit largement consigné dans un tel ouvrage, sa description dans ces deux dictionnaires est perçue par l'ensemble des Québécois comme sa promotion et sa légitimation. D'où l'hostilité déclenchée envers ces deux derniers dictionnaires.

4- Une vision réaliste et moderne : celle des aménagistes de la langue d'ici

En plus des trois courants de pensée mentionnés ci-dessus a pris forme une autre position plus modérée, qui tente de respecter la spécificité et l'autonomie linguistiques du Québec tout en conservant nos liens avec le reste de la francophonie. Ce français, c'est celui que les Québécois emploient dans les circonstances officielles et à l'écrit [...], un usage soigné qui forme le français québécois standard par rapport auquel tous les autres niveaux de langue s'ordonnent» (Simard 1990 : 39).

Nous partageons ce point de vue exprimé par Simard et par de nombreux autres linguistes québécois. Pour nous, ce modèle du français québécois standard est le français tel qu'il est parlé et écrit par l'élite intellectuelle, politique et scientifique québécoise, qui possède un français de qualité tout en incluant dans leur discours des mots, des expressions, des références, des sens différents du français de France. Aussi, contestons-nous les affirmations de Monique Nemni et de Jean Paré :

> Le fait est que l'élite québécoise a toujours eu comme seul registre standard le français [...]. Pour vous convaincre que je n'invente rien, lisez non seulement les articles savants, mais n'importe quel article québécois dans n'importe quel journal ou magazine, que cet article s'adresse au grand public ou à des experts (Nemni 1993 : 33).

> Car on étudie une langue qui n'existe pas [...]. Le québécois du Petit Boulanger est une non-langue. Elle n'est pratiquée nulle part, par aucun journal, aucun organisme. Il n'y a pas un seul livre d'histoire en «québécois», pas un essai, un seul ouvrage de philosophie, pas un seul article scientifique. Car une langue doit faire tout ça (Paré 1993 : 10).

Selon ces critiques, il y aurait donc, d'une part, le français québécois, parlé, populaire, dialectal, et d'autre part, le français de France, littéraire, écrit, correspondant à la norme. Nous affirmons que cette vision est absolument fausse, car elle n'intègre pas la hiérarchisation de tous les usages existant au Québec.

On a déjà donné dans les pages qui précèdent des exemples propres à définir une norme québécoise en ce qui concerne la prononciation. Voici, en parallèle, bon nombre de manifestations d'affirmations linguistiques pour ce qui est cette fois de l'écrit. Nous présenterons à cette occasion quelques résultats préliminaires de recherches que nous poursuivons actuellement au Centre d'analyse et de traitement informatique du français québécois de l'Université de Sherbrooke (CATIFQ).

Manifestations d'affirmation linguistique

Selon nous, le français québécois comprend plusieurs niveaux, dont l'un est standard. Dans le but de cerner les caractéristiques de ce niveau, nous avons effectué de nombreuses analyses de textes québécois, de niveau soutenu, certains officiels, qui reflètent une langue soignée. Nous avons, dans un premier temps, dépouillé d'une manière systématique les quelque 2000 avis de recommandation et de normalisation de l'Office de la langue française, ainsi que les divers autres guides et manuels diffusés par ce même organisme de normalisation : *Le français au bureau, le Guide d'écriture des imprimés administratifs, Bien écrire son français, le Téléphone linguistique* et divers autres recueils de chroniques linguistiques de l'Office de la langue française (Bisson, 1995). Ces documents servent en effet de norme ou de référence pour le public québécois. De plus, nous avons dépouillé des textes des grands journaux québécois (*Le Devoir, La Presse, Le Soleil,* etc.), non pas les petites annonces, mais les éditoriaux, les grands textes soignés des principaux journalistes. Nous avons examiné également différents magazines québécois, notamment *L'Actualité*. Dans les faits, aucun texte n'est neutre : dans chacun d'eux, on relève des marques linguistiques, révélant que l'auteur est un Québécois ou une Québécoise.

Quelles sont ces marques ou ces caractéristiques langagières propres au français standard du Québec?

En parcourant ces divers textes, nous avons relevé de nombreux usages québécois particuliers par rapport aux codes orthographique, typographique, syntaxique, morphologique et lexical consignés dans les divers dictionnaires, grammaires et autres ouvrages de référence du français de France. Ces spécificités ne relèvent aucunement d'un niveau de langue familier ou populaire. Au contraire, elles font ressortir les particularités d'un français québécois perçu comme soutenu.

Nous nous proposons maintenant de présenter une typologie des diverses manifestations linguistiques et sociolinguistiques du français québécois standard par rapport au français de référence (dictionnaires de France).

L'orthographe de certains mots est différente au Québec. Ainsi, on écrit ici **baseball** le plus souvent sans trait d'union, alors qu'en France **base-ball** est couramment employé. De même, au Québec, on écrit **supporteur** et non **supporter**, comme on le fait en France. On trouve des dizaines d'exemples de la sorte. Certaines de ces graphies ont de plus fait l'objet d'avis de normalisation ou de recommandation de l'Office de la langue française. Conformément à l'article 118 de la Charte de la langue française, les avis de normalisation sont d'emploi obligatoire : «[...] dans les textes et documents émanant de l'Administration, dans les contrats auxquels elle est partie, dans les ouvrages d'enseignement, de formation ou de recherche, publiés en français au Québec et approuvés par le ministre de l'Éducation» (Charte de la langue française).

D'abord des particularités orthographiques

Mentionnons à titre d'exemples :

- **tofou** (CTOLF) plutôt que **tofu** (NPR);

- **baguel** (CTOLF) plutôt que **bagel** (Robert junior);

- **canoé** en entrée principale d'un avis de la CTOLF plutôt que **canoë** (NPR).

Parmi les variantes orthographiques colligées, le cas de **centre-ville** mérite également d'être souligné. En effet, le *Nouveau Petit Robert* consigne cette forme, sous l'entrée «centre», mais en la qualifiant d'abusive. Cependant, dans une fiche de la Commission de toponymie du Québec versée dans la Banque de terminologie du Québec, la Commission recommande la forme *centre-ville*, puisque le trait d'union permet de refléter une unité plus grande que le syntagme disjoint «centre de la ville» et de connoter une réalité topographique unique. De plus, on retrouve la remarque suivante dans *Le français au bureau* : «Pour désigner le quartier central d'une ville, on emploie le mot *centre-ville*, forme abrégée de «centre de la ville», même s'il n'est pas attesté dans tous les dictionnaires.» Notons enfin la forme **coquetel**, bien attestée au Québec; cette dernière est absente de la majorité des dictionnaires français courants. Et il ne s'agit là que de quelques exemples...

En ce qui a trait au code typographique, les usages sont très différents relativement aux conventions retenues au Québec et à celles employées en France. Ces particularités ou ces écarts par rapport à la norme française sont en outre répertoriés dans les guides et les manuels de l'Office de la langue française mentionnés ci-dessus. Ainsi, les règles relatives à **l'emploi des majuscules** sont particulières au Québec en ce qui concerne les noms de sociétés, d'organismes publics ou privés et d'entités administratives, les noms géographiques (toponymes et odonymes), les titres de films et d'œuvres littéraires, les établissements d'enseignement, etc. Notons de plus l'accentuation des majuscules: ainsi, à l'exception des sigles et des acronymes, les majuscules prennent les accents, le tréma et la cédille lorsque les minuscules équivalentes en comportent.

Par exemple, on écrira:

Au Québec	**En France**
la Société bureautique de Lévis	la société bureautique de Paris
le Parti québécois	le parti socialiste
Les liaisons dangereuses	Les Liaisons dangereuses
Les plus belles années de ma vie	Les Plus Belles Années de ma vie
l'Université de Sherbrooke	l'université de Grenoble

De même, **les sigles, symboles et abréviations** illustrent de nombreuses spécificités québécoises encore une fois approuvées par l'Office de la langue française. Ils dénotent, entre autres, les différences entre les systèmes d'éducation québécois et français, ainsi que les organismes et les institutions propres aux deux aires linguistiques. Parmi quantité d'exemples, mentionnons certains titres de diplômes et grades universitaires: C. Trad. (certificat en traduction) et DEC (diplôme d'études collégiales), les acronymes *cégep* ou *cofi* et leurs dérivés: cégépien, cégépienne ou encore les sigles CLSC (centre local de services communautaires) et MRC (municipalité régionale de comté).

Un besoin au
Québec de codifier
les usages

Enfin, **l'ensemble de la typographie toponymique** renferme de nombreuses particularités québécoises. Ainsi, la Commission de toponymie du Québec, sans condamner les abréviations *bd* ou *Bd* en usage en France, privilégie l'abréviation *boul.* (boulevard). La Commission et l'Office ont agi de même dans de nombreux autres cas. «Même s'il est recommandé de ne pas

98

utiliser le mot «place» dans le cas d'un immeuble ou d'un ensemble immobilier, l'OLF donne tout de même une règle d'emploi de la majuscule lorsqu'il est impossible de l'éviter dans les appellations connues et utilisées depuis fort longtemps. La même remarque vaut pour le mot «autoroute», déconseillé comme générique d'une voie de communication, mais dont on fournit la règle d'écriture quand on ne peut l'éviter dans une adresse» (Guilloton, Cajolet-Laganière 1996).

Ces exemples témoignent du besoin, au Québec, de codifier les usages, et ce, beaucoup plus qu'en France.

Règle générale, le français écrit utilisé au Québec se conforme aux règles traditionnelles de la grammaire et de la syntaxe françaises. On note tout de même un certain nombre d'écarts. Par exemple, dans le *Nouveau Petit Robert*, on préconise l'invariabilité en genre du mot *inuit*; par contre, l'Office de la langue française, dans un de ses avis, statue sur la variabilité en genre et en nombre des termes *inuit* et *inuktitut* comme noms et comme adjectifs. De même, le terme *assurance sociale* est utilisé au singulier au Québec, alors que dans les dictionnaires français (*Nouveau Petit Robert* et *Petit Larousse illustré*) il apparaît toujours au pluriel. La féminisation des titres de fonctions et des textes renferme aussi des exemples d'écarts; nous en ferons mention dans le paragraphe consacré à la féminisation.

Peu d'écarts touchant la grammaire et la syntaxe

Ces «écarts» relevés aux niveaux écrit et soutenu entre le français de référence et celui du Québec sont, en réalité, des marqueurs strictement d'ordre linguistique. Ils prouvent l'existence d'au moins deux codes d'écriture acceptés en français. Outre cette différence, importante tout en étant quantitativement limitée, nous notons par ailleurs un nombre impressionnant d'écarts dans l'emploi du vocabulaire. Nous constatons, en effet, que si nous possédons la même langue en France et au Québec, nous n'utilisons pas toujours les mêmes mots et nous accordons à des mêmes mots des sens différents.

Le lexique est la source principale des spécificités québécoises.

Des particularités lexicales dans tous les domaines de la vie québécoise

Comme le font voir les exemples qui suivent, c'est dans tous les domaines de la vie courante et professionnelle que l'on retrouve des écarts entre le français québécois et le français de référence, c'est-à-dire celui qui est décrit dans les dictionnaires français. Ces écarts sont en outre de divers types : mots nouveaux, sens nouveaux, référents nouveaux, associations ou groupements de mots nouveaux, et ce, afin de s'adapter au contexte québécois ou tout simplement nord-américain. Voici d'autres exemples :

Faune et flore : merle d'Amérique, bécasse, bernache, barbotte, loche, ail des bois (ail doux), épinette, outarde, achigan, herbe à puce, érable à sucre, truite mouchetée, quenouille,...

Culture : téléjournal, gala de l'ADISQ,...

Administration gouvernementale et vie sociale : sous-ministre, assisté social, assurance-chômage (loi de l'-), régime des rentes, abri fiscal, âge d'or, assurance- récolte, sans-abri, carte-soleil, bien-être social, directeur adjoint, autopatrouille, cour des petites créances, personne-ressource,...

Éducation : baccalauréat, andragogie, décrocheur, commissaire d'école, collège militaire, finissant, analphabète, polyvalence, douance, éducation permanente, brigadier (scolaire), commission (conseil) scolaire, collégial, cégep, registraire, mineure,...

Alimentation : tête fromagée, pizza toute garnie, biscuit soda, cipaille, crème glacée, cretons, grands-pères, muffins, œufs dans le sirop (d'érable), pâté chinois, tarte au sucre, trempette, dîner-causerie, casse-croûte, table à salade,...

Commerce : vente-débarras, vente de garage, dépanneur, pourvoirie, pourvoyeur, sollicitation téléphonique,...

Institution : câblodistributeur, caisse populaire, centre de main-d'œuvre, Cercle des fermières, théâtre d'été, Conseil des arts, gîte touristique, centre d'hébergement, centre d'accueil, protecteur du citoyen, agent de sécurité, concert-bénéfice, centre de services sociaux, écotourisme, établissement de plein air, concours d'amateurs,...

Habitation : maison à deux étages, maison en rangée, maison de chambre, catalogne, duplex, abri d'auto, maison unifamiliale,...

Géographie : moyen estuaire, nordicité, bouclier canadien, embâcle des glaces, sapinage, rang (des épinettes), acériculture, aménagement paysager,...

Médecine : fibrose kystique, chiropratique, podiatre, sidatique, orthopédagogue, système de santé, urgentologue, psychiatrie,...

100

Toponymie: zone d'exploitation contrôlée (ZEC), municipalité régionale de comté (MRC), rang,...

Sport: banc des joueurs, camp ou programme d'entraînement, repêchage,...

Voiture: fourgonnette, minifourgonnette, certificat d'immatriculation, familiale, compacte, sous-compacte, covoiturage, volet de départ,...

À peu près tout le monde a entendu l'histoire de ce Québécois arrivant en France et demandant un «pain français» dans une boulangerie; la réponse fut toute naturelle et toute spontanée de la part de la boulangère: «Mais, Monsieur, on n'a que cela ici!» Au-delà de ce quiproquo anecdotique, de nombreux exemples pourraient alimenter cette histoire: des *cerises de France*, des *hôpitaux francophones*, etc. Dans ce dernier cas, si ces deux mots sont tout à fait français, aucun Français n'emploie le syntagme *hôpital francophone* pour désigner un hôpital en France. En revanche, ce syntagme est tout à fait courant au Québec; on fait ici référence non pas à des hôpitaux «français», mais bien à des hôpitaux où l'on peut recevoir des soins en langue française. Les emplois du mot *francophone* sont par conséquent beaucoup plus nombreux au Québec qu'en France; ce mot est utilisé dans nombre d'expressions: *propriété francophone, marché francophone, école francophone, presse francophone, théâtre francophone, gala francophone*, etc. Ces emplois sont particuliers au français québécois et ne sont pas consignés dans les dictionnaires français.

En outre, on donne à certains mots des sens différents.

Ainsi, dans le *Nouveau Petit Robert* (1993), «francophone» ne comporte que deux sens:

Ces mots, expressions ou sens particuliers ne sont pas décrits.

« 1.   Qui parle habituellement français... (Les Africains francophones) [...]

2.   Relatif à la francophonie. (La littérature francophone)»

Y sont absents tous les sens associés à la réalité linguistique du Québec. Ces quelques exemples, qui illustrent les écarts dans l'emploi du français des deux côtés de l'Atlantique, ne sont pas isolés: c'est toute la vie québécoise qui est absente des dictionnaires. Les Québécois et Québécoises, c'est normal, parlent d'eux, de leurs expériences et de leur univers.

L'ensemble du vocabulaire sociopolitique québécois est aussi absent.

De fait, la plus grande partie du vocabulaire sociopolitique renvoie naturellement à des réalités différentes de celles de la France; par exemple, dans le *Nouveau Petit Robert*, au mot «autochtone», on ne trouve que les attestations suivantes:

«peuple, race autochtone... (Les autochtones)» alors qu'en français québécois on relève: *agglomération, communauté, groupe, milieu, peuple, population, société*, etc., **autochtone.**

Il en va de même des séries suivantes: *activité, autorité, budget, cadre, contrat, déficit, dépenses, dette, endettement, finances, fonds, gouvernement, instance, institutions, juridiction, lien, ministère, ministre, niveau, parlement, parti, politique, pouvoir, pratique, prestation, régime, réglementation, réseau, restriction, système, transfert*, etc., **fédéral (-e, -aux, -ales)**; *autonomie, autorité, compétence, dépenses, gouvernement, législature, niveau, politicien*, etc., **provincial (-e, -aux, -ales)**. C'est la même chose pour les mots **constitutionnel, nordique,** etc. Ou encore *sous-ministre, chefferie, commission ministérielle, attaché politique, société distincte*, etc.

Un témoin privilégié de la vie québécoise

La sociopolitique est au centre de la société québécoise. Aussi, le vocabulaire sociopolitique québécois, en tant que témoin privilégié de la vie québécoise, doit-il être décrit et bien connu de la population. Dans le but de traiter cette portion importante du vocabulaire québécois, nous avons constitué un corpus de textes sociopolitiques québécois, notamment quelque 100 mémoires présentés à la commission Bélanger-Campeau. Étant donné le caractère officiel de cette commission, on peut considérer que ces mémoires reflètent un niveau de langue québécoise relativement soigné. Dès les premières analyses, on se rend compte que ce vocabulaire est absent des dictionnaires du français de référence, ou encore que la description en est incomplète. Prenons, à titre d'exemple, la série «souveraineté, souverain, souverainisme, souveraineté-association, souverainiste et souverainement». Les mots «souverainisme», «souverainiste», «souveraineté-association» et «souverainement» sont absents des dictionnaires français généraux. Quant à «souverain» et «souveraineté», leur description ne tient absolument pas compte des sens et sous-sens particuliers au contexte sociopolitique québécois. Manque en outre toute la richesse lexicale et sémantique apportée par les dizaines de cooccurrents : souveraineté du peuple, souveraineté nationale, souveraineté économique, souveraineté culturelle, etc. Il en va de même des citations, qui, tirées de corpus de textes sociopolitiques québécois, sont mieux à même de refléter la réalité québécoise. Cet exemple ne constitue pas un cas isolé ; c'est en fait toute la vie politique québécoise qui est absente des dictionnaires ! (Vincent 1996).

Un autre cas semblable : le vocabulaire technique québécois

Les lexicographes s'entendent pour dire que les termes techniques et scientifiques d'orientation générale font maintenant partie du vocabulaire essentiel d'une partie importante d'une société dite développée. Cela est dû aux progrès fulgurants des sciences et des technologies et à un important besoin de communication internationale. Poursuivant notre réflexion sur la description du français québécois standard, nous avons, ici encore, constitué un corpus de textes techniques québécois dans dix domaines représentatifs de l'activité technico-économique québécoise (aluminium, mines, pâtes et papiers, informatique, environnement, hydroélectricité, etc.). Nous avons, à partir du dépouillement de ces textes, constitué une première nomenclature des termes de base. De la même manière que nous l'avons constaté pour le vocabulaire sociopolitique, le traitement de ces mots, dans les dictionnaires français généraux, est incomplet et inadapté au contexte québécois (Cajolet-Laganière, Maillet 1996). Il en va de même pour les vocabulaires de l'alimentation (Mercier 1996), de l'habitation et autres. Mais une chose est certaine : nous avons besoin, pour travailler en français au Québec, de la description de tous ces vocabulaires.

À maintes reprises, on a affirmé que les écarts du français québécois ne se distribuaient pas régulièrement entre les différentes catégories de textes ni entre les différents registres de langue. Aussi s'entend-on pour dire que la langue familière et

Même les textes scientifiques ne sont pas neutres.

103

les textes littéraires (notamment ceux qui mettent en scène des personnages populaires et ceux dits «écrits en joual») contiennent beaucoup plus de «québécismes» que la langue soutenue (dans des situations formelles et publiques de communication) et les textes journalistiques. Ce postulat étant accepté, il est par conséquent facile d'admettre que les textes scientifiques ne devraient normalement pas comprendre d'écarts marqués en regard de la norme du français standard. La science, par essence, ne souffre pas de référence à un monde restreint (si ce n'est dans certains domaines des sciences humaines). S'il en est ainsi, la science doit être décrite et expliquée dans une langue universelle. On ne conçoit pas, en effet, d'articles scientifiques écrits dans une langue nationale ou régionale. Tout le monde croit en ce postulat et notre intention n'est pas de le remettre en cause. Mais, à la suite d'un examen attentif de la langue de 16 textes scientifiques (médecine, sciences pures, sciences appliquées, sciences humaines, etc.), nous avons découvert qu'aucun n'est linguistiquement neutre. Chacun d'entre eux, même s'il est très spécialisé, laisse transparaître certaines spécificités québécoises, de nature à indiquer que l'auteur est un Québécois ou une Québécoise. Il ne s'agit pas ici simplement d'écarts, ou de ce qu'on appelle des «québécismes», mais bien d'indicateurs, de marques ou d'indices révélant que la personne qui écrit est un Québécois ou une Québécoise. Par la façon de s'exprimer, par certains usages linguistiques, par l'emploi de certains signes (syntaxiques, lexicaux, typographiques et autres) et par des références extralinguistiques (le rattachement à une entité administrative québécoise, par exemple), le lecteur ou la lectrice conclura de façon sûre que l'auteur est un Québécois ou une Québécoise.

On retrouve la présence de ces manifestations d'affirmation linguistique dans tous les types de textes.

Ainsi, après analyse de centaines d'écrits de niveau soutenu, publiés au Québec (textes techniques, scientifiques, sociopolitiques, administratifs, journalistiques, littéraires et autres), nous pouvons affirmer qu'aucun d'entre eux n'est neutre. Chacun révèle des marques, des formulations, des expressions, qui indiquent clairement que l'auteur est un Québécois ou une

Québécoise. Ces marques, ces manifestations linguistiques québécoises ne sont pas des écarts ni des fautes, mais bien des attestations qu'on a affaire à un référent québécois différent du référent français. Il s'ensuit une norme différente de comportement linguistique, au Québec. Quand, dans des textes scientifiques traitant de différentes recherches, l'auteur écrit «nos universités francophones... du patient ou de la patiente... l'affiliation départementale... les agglomérations autochtones...», on peut conclure avec assurance que cette personne est un Québécois ou une Québécoise et non un Français ou une Française, car si ces mots et ces emplois sont tout à fait français, les Français ne les utilisent pas dans leurs discours. Ces mots, ces sens, ces expressions, ces tournures, bref ces emplois particuliers et caractéristiques du français d'ici témoignent de la vie sociale, culturelle, politique, économique et professionnelle du Québec; et même s'ils ne sont pas consignés dans les dictionnaires de référence actuels, ils n'en font pas moins partie de nos usages. Ils ne sont pas limités à la langue familière québécoise. Bon nombre d'entre eux appartiennent au contraire au niveau soutenu de la langue et sont même pour la plus grande partie, acceptés par les organismes officiels responsables de la langue au Québec. Le français s'est adapté à notre réalité nord-américaine; il exprime parfaitement notre monde et notre vision du monde, nos valeurs, souvent différentes de celles des Français. Le mot *fleuve*, par exemple, a le même sens en France et au Québec. Mais, en France, on parle rarement du *fleuve*, car il n'y a rien de comparable au Saint-Laurent. Le terme est plutôt d'usage technique. Dans le quotidien, les Français utilisent le nom particulier à chaque fleuve : la Seine, la Loire, le Rhône, etc. Ici, *fleuve* est toujours singulier (le *fleuve*, du *fleuve*...). Il est le centre de notre histoire, il est le centre de notre géographie, il est le centre de notre économie, il a été longtemps la seule voie de transport et il le demeure encore aujourd'hui dans une bonne mesure... En somme, c'est *Le fleuve aux grandes eaux* (inutile de le nommer, car le singulier suffit), qui est le titre d'un magnifique ouvrage de Frédéric Back.

Enfin, au Québec, nous avons aussi notre façon de dire les choses.

Il ne faut pas non plus minimiser nos expressions. Au Québec, nous avons aussi notre façon de dire les choses; notre expressivité, notre manière de nous exprimer, diffère de celle des Français. Certaines expressions nous sont propres: *liste d'épicerie, donner l'heure juste, une expression à la page, mener le bal, passer la rampe de..., ramer à contre-courant, avoir les yeux pleins d'eau, tomber dans l'œil de quelqu'un, ne pas être la tête à Papineau, sortir quelqu'un sur la tête, avoir le bec sucré, ne pas dérougir, tourner les coins ronds,* etc.

Enfin, entre plusieurs formes d'expressions, nous avons fait un choix, les Français en ont fait un autre. En voici quelques exemples, parmi ceux, nombreux, que nous avons recueillis:

On a opté au Québec pour	en France, pour
papier-mouchoir	mouchoir de papier
MTS	MST
maison en rangée	maison en bande
beurre d'arachide(s)	beurre de cacahouètes
œil magique	œil de porte (judas)

Un autre trait spécifique du français québécois standard: la féminisation

Nous avons aménagé la langue pour répondre à un nouveau besoin social.

La féminisation est une question d'actualité et de plus en plus présente dans la société québécoise. Les femmes veulent être reconnues en tant que personnes à part entière; c'est un phénomène qui appartient à notre monde moderne. L'insertion de plus en plus grande des femmes dans un milieu jusqu'alors presque entièrement réservé aux hommes, celui du travail, n'est pas sans avoir eu des répercussions d'ordre linguistique. Au cours des dernières années, on a assisté à l'établissement d'un certain consensus quant à la reconnaissance du principe de la féminisation ou de la «désexisation». Une fois ce principe reconnu et accepté, la féminisation des titres et des appellations de fonctions n'a pas posé de problèmes marquants; de fait, nous

106

disposons actuellement de listes officielles regroupant les formes féminines des principaux titres, métiers, professions, fonctions et appellations de personnes au féminin.

Nous nous habituons rapidement à ces nouveaux usages. Au Québec, plus personne ne s'étonne d'entendre une femme se présenter comme avocate, ingénieure, pharmacienne, directrice, etc. À tel point qu'au contact d'une Européenne qui nous annonce de but en blanc qu'elle est avocat ou directeur, la surprise est maintenant renversée. Ces néologismes passés dans l'usage sont devenus la norme (Auclair 1991: 21).

Pour conclure ce point touchant la féminisation des titres de fonctions, disons, d'une part, que le Québec se distingue nettement de l'usage courant en France. En effet, on peut lire le commentaire suivant concernant la féminisation des titres de fonctions dans l'un des principaux ouvrages français consacrés à la correspondance:

Il donne lieu à controverse: le bon sens consisterait à adopter la forme féminine du titre ou de la fonction lorsque cette forme existe et, faute de mieux, le masculin lorsqu'un titre ou une fonction ne comporte pas de forme féminine. Madame la Présidente, Madame la Directrice, Madame le maire, Madame le ministre (Gandouin 1986: 116).

En Suisse et en Belgique, la position adoptée est la même qu'au Québec sauf dans les cas suivants: en effet, la comparaison du *Français au bureau* avec des ouvrages suisses et belges portant sur la féminisation fait ressortir les particularités québécoises des finales en -eure et -teure aux côtés des finales en -euse. Ainsi, dans la quatrième édition du *Français au bureau*, les auteures font remarquer que la plupart des noms terminés en -eur et en -teur forment régulièrement leur féminin en -euse, mais que certains ont une finale en -eure, que l'usage a retenue au Québec, comme professeure, auteure, censeure, docteure et ingénieure. Elles notent en outre quelques formes en concurrence: annonceure/-euse, assureure/-euse, metteure/-euse en scène, sculpteure/-trice et réviseure/-euse. Enfin, bon nombre de ces formes sont anciennes (directrice, candidate, cliente, collaboratrice, cordonnière, poétesse, etc.); d'autres, au contraire, sont des créations récentes (auteure, chiropraticienne, agente, députée, décrocheuse, etc.).

Le Québec fait figure de chef de file dans le dossier de la féminisation.

Par ailleurs, pour ce qui est de la féminisation du discours, le Québec est très avant-gardiste. La féminisation des textes vise à «désexiser» la langue, c'est-à-dire à accorder dans le texte une place égale aux hommes et aux femmes. Cela exige des procédés plus complexes que ceux qui sont utilisés pour la féminisation des titres et fonctions. Plusieurs façons de faire ont été suggérées par différents organismes et institutions scolaires, comme l'Université du Québec, l'Université Laval, le ministère de l'Éducation, etc. Tour à tour, ils ont proposé le doublement systématique des genres, l'alternance des genres, l'ajout, au début du texte, d'une mention précisant l'emploi du masculin comme forme non marquée et comprenant les deux genres, l'emploi de formules neutres, de génériques, etc. L'Office de la langue française, pour sa part, a proposé un certain nombre de règles énoncées dans *Au féminin : guide de féminisation des titres de fonctions et des textes.* Ces principes ont été résumés dans l'ouvrage *Le français au bureau* (1996 : 282). Les Québécois et Québécoises disposent donc d'un certain nombre de règles ou de procédés stylistiques leur servant de balises lorsqu'ils veulent féminiser les textes. À la suite du dépouillement des diverses publications de l'Office touchant la féminisation du discours et de vérifications faites dans des ouvrages français, tout porte à constater que le français québécois est très novateur quant à cet aspect de la langue. **On peut dire que le français québécois a su «aménager» la langue afin de tenir compte de cette nouvelle exigence sociale** (Cajolet-Laganière, Guilloton 1996).

L'État québécois a donc réussi en douceur, sans faire de vagues, une réforme importante de la langue alors que le puissant gouvernement français n'a pu faire passer la réforme de l'orthographe. Ou bien l'un des gouvernements est efficace et l'autre ne l'est pas, ou bien l'un des deux peuples est vigilant et l'autre ne l'est pas, ou bien les Québécoises sont plus revendicatrices que les Françaises [...] (Auclair 1991 : 16).

Nous avons le droit d'exprimer notre vision du monde.

Pourquoi cet échec en France ? Il faut admettre que la vision des Français et des Françaises diffère profondément de la nôtre. Il y a deux manières de voir l'égalité des sexes. En France, l'égalité des sexes est mieux atteinte par une désignation qui prétend faire abstraction du sexe. Au Québec, l'égalité implique que les femmes soient reconnues dans la langue en tant que telles. Donc deux visions du monde et de la féminisation. Nous avons donc le droit d'exprimer notre vision du monde nord-américaine, qui ne correspond pas à la vision européenne, à moins qu'il y ait une vision francophone et que la francophonie se mette d'accord (sans la France). En effet, la Belgique et la Suisse ont adhéré plus facilement à la féminisation et ont même publié, à l'instar du Québec, des guides de féminisation. Quant à la France, l'Académie française s'est prononcée officiellement contre la féminisation. Le secrétaire perpétuel de l'Académie, Maurice Druon, s'est exprimé en ces mots:

L'Académie française considère que cette féminisation est abusive et choquante» [...]. Le genre dit «masculin» est un genre non marqué, qui a la capacité de représenter à lui seul les éléments relevant de l'un ou l'autre genre. [...]. L'Académie française regrette que le décret pris par le Conseil de la Communauté française de Belgique jette ainsi la confusion dans la langue et dans l'usage (Druon 1994).

Bien au contraire, au Québec, ce phénomène fait maintenant partie du bon usage du français québécois standard. Nous avons retrouvé dans l'ensemble des textes dépouillés, y compris dans les textes scientifiques, des exemples de féminisation des titres de fonctions et des textes.

Un dernier trait spécifique du français québécois standard: notre attitude face aux anglicismes

Le phénomène de l'emprunt (l'anglicisme est un emprunt à l'anglais, mais «critiqué») est courant et «naturel» dans toutes les langues du monde. Il est généralement considéré comme un enrichissement de la langue. En effet, il n'y a pas de société qui, au cours de son histoire, n'a pas eu de contact avec les autres langues. On constate ce phénomène dans toutes les langues; l'anglo-américain actuel, par exemple, emprunte beaucoup de termes (relatifs à la mode alimentaire, vestimentaire, etc.) au français.

Pour qu'une langue n'emprunte pas, il faudrait qu'elle soit parlée par un peuple complètement isolé et replié sur lui-même, et c'est rarement le cas (Darbelnet 1990: 308).

Toutefois, les anglicismes, et notamment le jugement que nous portons sur ces derniers, ne sont pas les mêmes en France et au Québec.

Du côté des Français, ce qui semble proverbial — du moins pour les Québécois —, c'est le snobisme et l'américanolâtrie. Sans nier que ces attitudes peuvent se retrouver chez certains locuteurs, les Français font valoir que cette attitude est loin d'être généralisée (Dubuc 1991 : 18).

Au Québec, au contraire, les anglicismes sont le plus souvent perçus d'une manière péjorative, comme des mots à éviter, parce qu'ils marquent le caractère «dominé» de notre langue. Même si les Québécoises et les Québécois les utilisent dans leur langue familière et quotidienne, ils cherchent à s'en débarrasser quand ils s'expriment dans un registre plus soutenu.

Aussi, l'utilisation des anglicismes et des calques (traductions littérales) est-elle un autre exemple de la manifestation d'une norme de comportement linguistique propre au Québec. On trouve abondamment dans les textes les plus «corrects» de France des mots comme **ferry-boat, bowling, sponsor** ou **sponsoriser, stick, escalator, light, green (au golf), free-lance** et autres, alors qu'au Québec, on utilise plutôt **traversier, salle de quilles, commanditaire** ou **commanditer/parrainer, bâton désodorisant, escalier mobile, légère (bière), vert (au golf) et pigiste.** Les Québécois et Québécoises ont fait des choix, les Français et Françaises en ont fait d'autres.

Certains anglicismes sont rejetés au Québec mais acceptés en France.

Il s'agit là d'une stratégie de différenciation linguistique dans une région de langues fortement en contact :

> [...] à preuve, le fait que les Québécois rejettent des anglicismes courants en français moderne et les remplacent par ce que l'on a proposé d'appeler des anti-anglicismes. [...]. Le rejet des anglicismes — surtout des anglicismes lexicaux — fait partie de la norme du français québécois (Maurais 1986 : 83).

Pour la linguiste Denise Deshaies (1984 : 286), en voulant éliminer les anglicismes, on reflète «la volonté, manifeste au plan politique, d'éliminer la trace du rapport de pouvoir qui existe entre le français et l'anglais».

En outre, le jugement que nous portons sur les anglicismes est différent de celui de nos cousins français.

Le vocabulaire du français québécois a toutefois été très marqué par les emprunts à l'anglais. Aussi, les anglicismes sont-ils effectivement très nombreux dans le langage familier et dans la langue parlée. Mais, depuis quelques décennies, on a fait au Québec une chasse effrénée aux anglicismes. Il serait jugé malvenu de continuer à employer ces mots dans le discours public ou officiel. Enfin, dans le contexte d'une description du français québécois standard et de l'élaboration d'une norme acceptable pour les Québécois et Québécoises, il importe de procéder à la définition d'une nouvelle théorie de l'emprunt.

> [...] la théorie traditionnelle de l'emprunt est complètement dépassée : les cas d'emprunts sont traités un à un, et non par ensembles, ce qui ne nous permet pas de dégager les domaines où la concentration est plus forte ; la théorie traditionnelle n'inclut pas l'étude statistique de la fréquence de l'emprunt dans chaque type de discours ; enfin, elle considère l'emprunt comme procédé d'enrichissement au lieu d'y voir la conséquence d'un mouvement de colonisation par une autre culture et par une autre langue, donc un phénomène d'aliénation culturelle et terminologique (Corbeil 1991 : 155).

Effectivement, les différents recueils d'anglicismes et autres dictionnaires de difficultés québécois font état d'une quantité importante d'anglicismes, mais sans aucune indication quant à leur fréquence et à leurs conditions d'emploi ; en outre, dans l'ensemble, leur traitement est incomplet et insatisfaisant pour une bonne compréhension du mot et une hiérarchisation des usages (usages et bon usage). Ces constatations nous ont amenés à creuser davantage cette question de l'emploi des anglicismes au Québec. Le dépouillement des anglicismes répertoriés dans cinq sources importantes (Le *Dictionnaire de fréquence des mots du français parlé au Québec*, de Normand Beauchemin, Pierre Martel et Michel Théoret, les textes, avis et chroniques de l'Office de la langue française, le *Multidictionnaire* de Marie-Éva de Villers, le *Dictionnaire des anglicismes* de Gilles Colpron et le *Dictionnaire des canadianismes* de Gaston Dulong) nous a fourni une liste de 10 682 formes (par exemple *brake* et *brakes*) et 4227 vocables ou unités lexicales qualifiées d'anglicismes par les auteurs des ouvrages précédents. Le balayage de la Banque de données textuelles de Sherbrooke (BDTS) à l'aide de cette liste informatisée d'anglicismes permet d'obtenir des renseignements précis sur l'emploi réel et la fréquence d'emploi d'un certain nombre d'anglicismes, et ce, selon les types de discours et les contextes d'utilisation. Cette étude met en évidence que le traitement lexicographique des anglicismes, et notamment des calques, dans les dictionnaires généraux de France, est incomplet et inapproprié au contexte québécois

(Théoret, Escayola, Lavigne 1996). En effet, les sens critiqués par les diverses sources québécoises ne sont pas recensés par les principaux dictionnaires de français en usage au Québec.

Or, le balayage de ces formes dans la Banque de données textuelles de Sherbrooke et les CD/Actualité (journaux québécois disponibles sous cette forme) permet d'attester ces emplois dans les textes québécois courants. Il importe par ailleurs de fournir aux Québécois et Québécoises des renseignements précis sur les emplois «corrects» et «critiqués» de ces formes. Cela fait partie, on l'a dit déjà, de l'établissement d'une norme québécoise et d'une hiérarchisation de nos usages. Ces données sont essentielles aux enseignants et enseignantes, rédacteurs et rédactrices de tous genres, élèves à tous les niveaux, de même qu'à quiconque utilise la langue en situation de communication standard ou soutenue.

En somme, le français québécois standard existe et peut de ce fait être décrit.

À ce français québécois standard, que l'on associe au «bon usage québécois», celui que valorise l'élite intellectuelle québécoise, c'est-à- dire la classe instruite de la société, il faut greffer et hiérarchiser l'ensemble des usages québécois (archaïsmes, mots familiers, littéraires, spécialisés et autres). La hiérarchisation de l'ensemble de ces usages constituera la norme sociale québécoise, soit la description de nos usages autour du français québécois standard. Comment maintenant mettre cette norme, ce français québécois de référence, à la disposition de la population québécoise ? Il nous semble que c'est en élaborant un dictionnaire descriptif et normatif des usages linguistiques des Québécois et Québécoises qu'on y parviendra ; il s'agit là d'un instrument fondamental pour parvenir à un aménagement valable et satisfaisant de la langue au Québec. Il constituerait l'outil de base auquel la population québécoise pourrait se référer pour trouver «les usages» qui ont cours dans son parler, usages hiérarchisés par rapport au «bon usage» de la meilleure langue écrite au Québec.

Le dictionnaire est le seul ouvrage de référence que consultent tous les sujets parlants d'un pays. Il n'existe pas d'autres ouvrages qu'utilisent aussi bien les enfants que la plupart des adultes d'un pays; il est un outil fiable et général pour tous: élèves et enseignants, écrivains et rédacteurs, patrons, professionnels, etc. En outre, grâce aux nombreuses citations d'auteurs, le dictionnaire est la somme facilement accessible à tous et à toutes de leur histoire, de leur littérature nationale et de textes importants de toute catégorie.

Pourquoi un dictionnaire? Parce qu'il est est un facteur de cohésion et d'identité collective.

Par les mots qu'il contient, le dictionnaire reflète le monde dans lequel vit une nation. Par ses références constantes à l'univers matériel et immatériel d'une communauté linguistique, il constitue le «ciment indispensable» qui façonne la pensée collective autour d'une manière commune d'être, de penser et de vivre. Il donne au contenu spirituel d'une nation, une expression; au moi collectif, une possibilité d'exister et de se reconnaître. L'identité collective entre les membres d'une nation n'est possible que s'il existe une langue commune renvoyant aux mêmes référents.

La fonction symbolique d'un dictionnaire national

C'est pourquoi il n'y a pas de nation qui n'ait son dictionnaire. Historiquement, le dictionnaire a été un instrument qui a forgé l'âme des peuples ou des communautés linguistiques. Ce fut le cas pour l'Italie, l'Espagne, la France... Plus récemment, il en a été de même pour les États-Unis (Noah Webster vit, dès 1782 la nécessité d'écrire des ouvrages de référence américains, distincts du modèle anglais; son dictionnaire est devenu aux États-Unis synonyme de «dictionnaire national»). Aujourd'hui, en Amérique, l'espagnol mexicain est lui aussi en voie d'obtenir son dictionnaire national (élaboré par L. F. Lara, de Mexico), et d'autres dictionnaires de l'espagnol et du portugais sud-américains sont en cours d'élaboration. Quant au français d'Amérique, il ne possède pas encore son dictionnaire, réceptacle de tous les usages présentés selon le jugement social que la communauté linguistique porte sur l'ensemble de son lexique.

Toutes les nations ont leur dictionnaire.

Comme on vient de le dire, un dictionnaire fait plus que préciser l'orthographe et le sens des mots, il est «un objet d'identification et d'unification pour une communauté linguistique» (CLF 1990c: 48). Par ailleurs, on l'a vu, il existe au Québec un français québécois standard, valorisé par la société québécoise, lequel représente des usages essentiels au Québec dans la mesure où il décrit nos institutions, notre mode de vie, nos caractéristiques sociales, notre vision du monde. De fait, le français en Amérique s'est implanté et les gens d'ici ont adapté le français à leurs besoins ; ils en ont fait un instrument efficace de communication et de conception, de telle sorte qu'on ne peut plus affirmer, comme l'a écrit Fernand Dumont (1995 : 21), que « le français [est ici] une langue en exil ».

Par ailleurs, si l'on veut décrire la langue d'ici, il faut décrire les diverses variétés d'usage, dont le français québécois standard. Dans la documentation québécoise dont on tirera la nomenclature du futur dictionnaire général du français québécois, on trouvera trois choses :

- les mots et les usages qui se trouvent dans les différents types d'énoncés formulés par les locuteurs québécois ;

- les référents québécois de la langue (les citations et les exemples nécessaires à l'illustration des mots) ;

- le mode d'emploi de ces mots : la valeur sociale et stylistique des mots et des prononciations attribuée par l'ensemble de la communauté québécoise.

La seule façon de reconnaître l'usage légitime de la communauté québécoise

De cette manière, le dictionnaire vient reconnaître l'autonomie de la variété de langue à décrire et atteste la hiérarchisation sociale, stylistique et autres hiérarchisations propres à cette variété. Ce dictionnaire du français québécois, en plus d'augmenter la sécurité linguistique des Québécois et Québécoises, servira de référence aux immigrants et immigrantes et leur indiquera que le français du Québec est légitime ; cela facilitera en outre leur intégration à la société québécoise.

La description de la langue considérée « comme un système linguistique autonome » est la seule façon de cerner « l'usage légitime » de chaque communauté et le système de valeurs qui lui est associé (Corbeil 1984 : 42).

Le modèle lexicographique en France : un modèle littéraire

Un dictionnaire général du français québécois différent des dictionnaires faits en France

On peut dès maintenant prévoir que l'approche des lexicographes québécois sera différente de celle des lexicographes de France. En effet, en France, les dictionnaires sont le miroir fidèle de la meilleure langue : celle de la grande littérature. On y trouve donc les textes les plus prestigieux, les textes les mieux écrits, les textes modèles (les écrivains qui écrivent bien), les Académiciens, les lauréats des concours littéraires : prix Goncourt, etc., les meilleurs textes de la presse écrite. Et les auteurs de dictionnaires reproduisent, de dictionnaire en dictionnaire, le portrait admis depuis longtemps de la norme véhiculée dans ces écrits.

Au Québec, c'est à partir de l'ensemble des textes publics que seront tirés la nomenclature du dictionnaire et le traitement des mots (textes littéraires, journalistiques, administratifs, techniques, sociopolitiques et autres). À la description des usages recensés dans l'ensemble de ces textes sera greffé le jugement social que nous portons sur nos usages.

Adapter un dictionnaire de France ou partir de zéro

Le premier dictionnaire général, le *Dictionnaire de la langue française au Canada* de Bélisle (1957), a été fait à partir d'un dictionnaire de France, le Littré-Beaujean), auquel on a ajouté des mots et des sens québécois. Le *Dictionnaire du français Plus* (1988) et le *CEC Jeunesse* (1990), quant à eux, sont des adaptations de dictionnaires de la maison Hachette. Quant au *Dictionnaire québécois d'aujourd'hui*, il est un produit adapté du *DicoRobert*. Ces dictionnaires ont emprunté plus que la nomenclature aux dictionnaires de France : ils ont reproduit le système de référence de la société française. Cette méthode, consistant à adapter des dictionnaires français à la réalité québécoise, n'a pas eu les résultats positifs escomptés et doit de ce fait être entièrement renouvelée.

Le futur modèle lexicographique québécois

Même si, dans la meilleure des hypothèses, celui qui adapte le dictionnaire jouissait d'une bonne liberté de manœuvre et réussissait à harmoniser les définitions avec la réalité québécoise, la version qu'il produirait ne pourrait en aucun cas constituer un dictionnaire général du français québécois puisque la nomenclature et l'analyse de départ ne reposeraient pas sur l'observation de cette variété de français (Poirier 1988 : 15).

La question des marques (familier, anglicisme, etc.) dans ce futur dictionnaire du français québécois est un sujet des plus importants. En effet, la grille sociolinguistique des marques utilisée dans les dictionnaires français et reproduite par les auteurs de dictionnaires québécois, non seulement manque d'uniformité, mais elle est de plus inappropriée à la réalité québécoise (Thiboutot 1994).

Ce système doit par conséquent être revu complètement afin qu'il corresponde à notre réalité sociolinguistique et qu'il permette aux utilisateurs et utilisatrices de faire consciemment leurs choix linguistiques. Cela touche les marques étymologiques (origine des mots); les marques de niveau de langue (familier, vulgaire, littéraire, etc.); les marques topolectales ou géographiques (France, Québec, Belgique, etc.); les marques technicoscientifiques (faisant référence aux domaines techniques et scientifiques); les marques normatives (emplois recommandés ou critiqués), etc.

Ces marques sont essentielles pour le lecteur parce qu'elles donnent à l'usager le choix entre plusieurs modes d'expression, ce qui lui permet d'exercer un choix éclairé en fonction de ses interlocuteurs, de la situation de communication, de son style, etc., et ce, en toute connaissance de cause.

Lors d'une table ronde sur les marques lexicographiques tenue à Montréal, en novembre 1994, plusieurs intervenants et intervenantes ont exprimé un point de vue que nous partageons d'emblée, à savoir qu'il convient de marquer les particularités québécoises.

Le fait de signaler qu'un mot n'est pas employé par l'ensemble de la communauté francophone ne jette pas l'opprobre sur ce mot; la marque (Québec) ou (Canada) ne constitue pas une marque d'infamie, c'est tout simplement une information qui est communiquée à l'usager du dictionnaire (De Villers 1994: 5).

L'étudiant a besoin de savoir si le mot qu'il utilise ou qu'il lit appartient au fonds commun international actif ou est propre au Québec ou au français de quelque autre région de la francophonie. [...].
Le but est clair: il ne faut pas marginaliser le jeune Québécois, mais il ne faut pas non plus l'isoler ou le berner en lui faisant croire par exemple que PATENTE a le sens de TRUC dans toute la francophonie (Gadbois 1994: 6).

116

À cette même table ronde, on faisait part des résultats d'une enquête sur les attentes et les besoins du public québécois en matière de dictionnaires de langue. L'enquête a été menée auprès d'un échantillonnage de 320 personnes représentant des employés des services gouvernementaux, des journalistes, des écrivains, des étudiants et professeurs, des clients de librairies et des immigrants. Voici les principaux éléments de conclusion :

- Les répondants utilisent les dictionnaires essentiellement pour des travaux scolaires ou professionnels ;

- Les dictionnaires qu'ils utilisent le plus fréquemment sont des dictionnaires de type «normatif» ;

- Les dictionnaires de langue québécois sont relativement peu connus des répondants et ne répondent pas à leurs besoins ;

- Les répondants ne veulent ni glossaires ni dictionnaires québécois essentiellement descriptifs, mais souhaitent un dictionnaire général à l'intérieur duquel les mots et les sens employés au Québec seraient distingués des mots et des sens employés dans les autres pays francophones à l'aide d'une marque quelconque ;

- Les utilisateurs de dictionnaires accordent une importance relative aux marques et, parmi celles-ci, il existe un ordre d'importance : 1. marques topolectales ou géographiques, 2. marques normatives, 3. marques de niveaux de langue ;

- Enfin, les répondants jugent la communauté linguistique québécoise apte à produire ce dictionnaire québécois et semblent accorder leur confiance d'abord aux spécialistes et aux organismes de la langue du Québec, puis aux entreprises commerciales québécoises (Cajolet-Laganière 1994).

Les résultats de cette enquête sont concluants : le public québécois désire essentiellement un dictionnaire de type normatif ; il veut être informé sur le «bon usage» ou l'usage «dominant» au Québec, de telle sorte que son expression soit adéquate. Il reste par conséquent à établir un système de marques approprié au contexte québécois.

En conséquence, dans un projet de dictionnaire de l'usage du français au Québec, il faut prendre l'usage légitime québécois comme critère d'acceptabilité d'un mot ou d'un sens. Serait-ce à dire qu'il ne faut rien marquer de ce qui est proprement québécois ? Je ne le crois pas, parce que, pour certains mots ou certains sens, les Québécois ressentent le besoin de se situer par rapport à l'usage français ou auraient avantage à connaître l'écart entre notre usage et celui de France, à une époque où les échanges sont plus intenses entre ces deux communautés, surtout pour au moins pouvoir s'adapter aux exigences de la situation de communication (Corbeil 1994 : 16).

L'originalité de cet outil de référence

Les particularités de cet outil de référence se résument en quatre points :

- une **nomenclature originale** élaborée à partir d'une banque de textes québécois sélectionnés avec soin ;

- un **choix d'exemples ou de citations mettant en scène nos écrivains, historiens, philosophes, scientifiques, penseurs**, etc., pour expliciter les sens et les sous-sens des articles du dictionnaire tirés des meilleurs textes québécois ;

- une **grille des marques d'usage claire, simple, uniforme et appropriée au contexte québécois**, permettant à l'usager et à l'usagère de faire des choix linguistiques éclairés ;

- un **outil de communication** reflétant l'ensemble des usages des Québécois, explicitant une norme linguistique québécoise et devant, en outre, servir d'outil d'enrichissement de la langue et de la pensée.

L'importance d'une banque de données textuelles représentative des divers discours québécois

La nomenclature d'un dictionnaire général du français québécois doit être établie à partir d'une nomenclature strictement québécoise, qui comprendra des sources tant orales qu'écrites.

Le choix du corpus est une question importante puisqu'il a une influence directe sur le modèle linguistique que véhicule le dictionnaire (Poirier 1988 : 27).

Une documentation textuelle afin d'expliciter la norme du français québécois

Cette banque de données textuelles devrait en outre permettre d'expliciter notre propre norme linguistique. En effet, la préparation d'un véritable dictionnaire général devrait nous amener à réviser la norme prescriptive traditionnelle, qui nous vient de France, et à expliciter la nôtre.

Afin que le dictionnaire soit un juste reflet de la pratique langagière des Québécois et Québécoises, il importe de consti-

118

tuer un corpus représentatif de la langue orale et écrite québécoise, notamment la langue littéraire, la langue journalistique, la langue publique touchant les divers aspects de la vie québécoise (domaines technique, scientifique, administratif, juridique, médical, sociopolitique, etc.). Sans oublier les textes métalinguistiques, qui révèlent le jugement des Québécois et Québécoises sur leur propre langue. Cela inclut une étude rigoureuse touchant les mots nouveaux créés au Québec, les emprunts à l'anglais, et particulièrement les calques.

Le contenu de cette banque de données textuelles et linguistiques

Près d'une vingtaine de corpus de données textuelles ont été constitués, au fil des ans, dans les diverses universités québécoises. Il existe en outre d'importants fichiers de données linguistiques, notamment ceux du Trésor de la langue française du Québec, de l'Université Laval, ceux du CATIFQ de l'Université de Sherbrooke, ceux de l'Office de la langue française, de Radio-Canada et d'autres services linguistiques, etc. Il importe enfin que ceux et celles qui s'attaqueront à la préparation du futur dictionnaire du français québécois puissent exploiter cette documentation témoignant, chacune à sa façon, de la variété linguistique du français québécois.

L'utilisation de tous les fonds de données linguistiques produits jusqu'à présent

Pour conclure

Dans ce quatrième et dernier chapitre, nous avons démontré l'existence d'un français québécois standard, c'est-à-dire d'un usage valorisé au Québec, qui pourrait nous servir de norme linguistique. Cet usage valorisé, nous le retrouvons dans l'ensemble des textes de divers genres écrits par la classe instruite de notre société. Par ailleurs, nous avons montré qu'à cet usage valorisé il importe de greffer, en les hiérarchisant, les divers autres usages de la langue écrite au Québec: usages vieillis, familiers, critiqués et autres.

Usages et bon usage hiérarchisés

Tous ces usages doivent être analysés à partir d'un fonds important de données textuelles regroupant les divers types d'écrits représentatifs du français utilisé au Québec. Ce fonds nous servira à l'établissement de la nomenclature du dictionnaire ainsi qu'au traitement des mots recensés: exemples, citations, synonymes, collocations, etc. Il pourra en outre servir d'outil de référence pour des recherches visant à la caractérisa-

Un fonds de données textuelles

tion de la langue québécoise selon un certain nombre de discours : journalistiques, littéraires, sociopolitiques, administratifs, technicoscientifiques et autres. Il serait enfin un excellent instrument pour mesurer, au fil des ans, l'amélioration de la qualité ou de la maîtrise de la langue par les rédacteurs québécois, et nous fournir des « indicateurs » de type qualitatif.

Un dictionnaire général et normatif du français québécois

De plus, l'explicitation de l'ensemble de ces usages hiérarchisés doit être mise à la disposition de la population québécoise, de sorte qu'elle puisse faire des choix éclairés compte tenu du type de communication. Le dictionnaire nous semble l'outil le plus approprié pour expliciter et diffuser cette norme linguistique québécoise. **Il va de soi que cette hiérarchisation des usages québécois comprend le français de référence tel qu'il est décrit dans les dictionnaires fabriqués en France.**

La responsabilité des principaux acteurs sociaux

La constitution d'un fonds de données textuelles et l'explicitation d'une norme linguistique québécoise dans un dictionnaire général et normatif du français québécois est la base de ce plan d'aménagement de la langue au Québec. Mais cela n'est pas suffisant. Il importe d'associer directement à ce plan les principaux acteurs sociaux de notre société.

Le rôle des principaux acteurs sociaux dans un plan d'aménagement de la langue au Québec

À la fin de chaque chapitre de notre premier volume, nous avons tracé des pistes de solution pour améliorer la qualité de la langue au Québec. Ces propositions s'intègrent dans ce plan d'aménagement et tous les intervenants, jouant un rôle public à l'égard de la diffusion d'un français de qualité, y ont été identifiés. D'abord, l'Administration publique doit être le premier véhicule de cette norme du français d'ici. Dans la *Proposition de politique linguistique*, la ministre propose de « faire jouer à l'administration publique un rôle exemplaire et moteur » dans la diffusion du français au Québec. Cette affirmation doit également prendre un sens en matière de qualité de la langue. Nous croyons que l'État, premier acteur du plan d'aménagement, doit exiger le respect de la norme du français québécois.

L'Administration publique

Il ne faut pas oublier, en effet, que la maîtrise de la langue est en train de supplanter l'expérience comme premier critère d'embauche et que ce phénomène tient au fait que la communication, et donc nécessairement la langue, occupe une place de plus en plus grande au sein du monde du travail (Proposition de politique linguistique 1996 : 65).

Les enseignants de tous les ordres, incluant ceux qui ont la mission de former les futurs maîtres, sont d'autres partenaires essentiels à la diffusion d'un français de qualité. Comme nous l'écrivions dans notre premier volume, les professeurs, non seulement de français mais aussi ceux des autres matières scolaires, sont les véritables «agents de la francisation du Québec et les premiers responsables de la qualité de la langue (Cajolet-Laganière, Martel 1995 : 156). Grâce au dictionnaire et aux autres instruments reflétant la norme du français québécois, les professeurs seront véritablement outillés pour jouer le rôle fondamental qu'est le leur en matière de qualité de la langue au Québec. *Les enseignants*

Le personnel des médias et des agences de publicité a aussi sa responsabilité dans l'utilisation et la diffusion d'un français de qualité. Les pistes de solution formulées dans notre premier volume (p. 106 et suivantes) s'intègrent également bien dans ce plan d'aménagement. Il en est de même du monde du travail où, nous l'avons amplement montré, la maîtrise de la langue signifie, la plupart du temps pour les entreprises, efficacité et même rentabilité (p. 118 et suivantes). *Le personnel des médias et des agences de publicité*

Le milieu des entreprises

Il importe enfin de travailler à l'élaboration et à la promotion d'une série d'outils d'aide à l'enseignement de base visant à une bonne maîtrise de la langue, notamment des logiciels d'aide à la rédaction et à la correction des divers types de discours publics : administratifs, journalistiques, publicitaires, techniques et autres. *Les outils d'aide à la rédaction*

Conclusion

Que devons-nous retenir de ce bilan général de l'aménagement du français au Québec? Dans notre premier chapitre, nous avons montré que les premières interventions, non planifiées, ont surtout été d'ordre lexicographique. Ces dernières ont été fort nombreuses mais sans concertation aucune. L'absence de vision générale, de plan d'intervention et surtout d'objectifs d'aménagement de la langue a amené une profusion de travaux, dont plusieurs sont néanmoins de très grande qualité. Ils ont toutefois le défaut d'être en partie redondants. Par exemple, les listes d'anglicismes sont rédigées à répétition, et la méthode du «Dites... ne dites pas» est toujours à la mode. Il n'est pas exagéré de conclure de ce bilan de la lexicographie québécoise que, même si nous avons fait des pas en avant, **nous n'avons pas atteint l'objectif de qualité de la langue**.

Un aménagement lexicographique désordonnée de la langue

Par ailleurs, les organismes créés par la Charte de la langue française, principalement le Conseil et l'Office de la langue française, ne se sont pas vraiment préoccupés de développer le volet de l'aménagement de la langue (corpus), sauf tout récemment. Il faut noter, en effet, la prise de position du Conseil, en 1990, et l'ouverture récente de l'Office de la langue française à la dimension socioterminologique du français québécois. En réalité, on peut conclure que ces organismes ont investi leurs efforts essentiellement du côté du statut de la langue et de la terminologie, car pour ces responsables du dossier linguistique du Québec, **l'urgence en matière de langue concernait davantage le statut que la langue elle-même**.

Les organismes de la Charte se sont surtout préoccupés de statut et de terminologie.

En contrepartie, depuis quelques décennies (autour des années 1970), grâce aux débats des spécialistes de la langue et aux discussions touchant l'aspect théorique de l'aménagement

Un aménagement théorique prend forme et fait consensus chez les spécialistes.

de la langue, il y a eu un net progrès sur les questions de norme et d'aménagement de la langue. Nous avons assisté, sur le plan théorique, à un véritable renouvellement de perspective. En effet, le nombre de publications, de colloques et de rencontres diverses est très élevé et nous constatons aujourd'hui avec satisfaction que, sur le plan des idées, un consensus a pris forme.

Comme suite à l'édification de la francophonie, une nouvelle conception de la langue française est apparue : le français n'est plus simplement la langue des Français, mais celle de tous les francophones. En outre, la définition d'un français québécois dans ce nouvel ensemble est devenue plus claire. **Le français québécois est une variété nationale du français**, c'est-à-dire qu'il a acquis une autonomie légitime, et, de surplus, il est rattaché fortement au français dit «international», auquel il appartient de plein droit. L'intercompréhension avec les autres francophones demeure un élément essentiel à notre survie en tant que francophones de l'Amérique du Nord, et cette obligation est conciliable avec celle de garder nos particularités langagières propres, car ce sont elles qui définissent le peuple québécois comme formant une société distincte. Les Québécois ont le droit à la différence et, en raison de ce caractère distinct, ils se doivent de maintenir leur patrimoine linguistique qui, loin d'être une honte, représente au contraire un enrichissement pour tous les francophones.

Mais cet aménagement théorique de la langue au Québec n'a pas eu de suite réelle ; il n'a pas été appliqué. Dans notre quatrième et dernier chapitre, nous avons indiqué quel serait, d'après nous, la prochaine étape à franchir. **L'aménagement de la langue passe d'abord par la prise en compte et la hiérarchisation des usages.** C'est dans le dessein de cerner tous les aspects du sujet que nous avons d'abord tracé l'histoire des idéologies entourant cette question. Nous avons fait état des débats sur la norme du français au Québec : il s'agit principalement des courants puriste, joualisant et québécisant. Nous croyons aussi avoir montré que les spécialistes du domaine en sont arrivés à un consensus sur ce point : la norme de l'oral existe, notamment celle de la prononciation ; elle est décrite et elle est officiellement reconnue. Par ailleurs, **la norme à l'écrit existe aussi, mais elle n'est pas encore explicitée.**

Le français québécois est une variété nationale du français.

La norme du français québécois oral existe et est décrite.

124

Les différences entre le français de référence (celui qui est décrit dans les dictionnaires de France) et le français québécois standard (l'usage valorisé au Québec) se situent à tous les niveaux. Pour ce qui est de l'orthographe, de la morphologie et de la syntaxe, qui constituent la structure même de la langue, la somme des écarts est en nombre très limité.

La norme du français québécois écrit existe, mais n'est pas encore décrite.

Il en est tout autrement en ce qui a trait au vocabulaire, c'est-à-dire aux faits de surface. Le vocabulaire joue en effet un rôle puissant d'identification collective. C'est par le vocabulaire que les membres acquièrent et transmettent les valeurs sociales, leur vision du monde. Le vocabulaire reflète les structures économique, politique, culturelle de la société. À cet égard, le Québec se distingue non seulement du monde anglo-saxon nord-américain, mais également de la France. S'il est compréhensible de voir certains Québécois et Québécoises être nostalgiques par rapport à notre mère patrie et rêver d'un Québec à la française, c'est-à-dire d'un usage de la langue parfaitement identique entre la France et une «Nouvelle-France», il est par contre plus réaliste de considérer le Québec différent de la France sur les plans matériel et spirituel. Le peuple québécois a édifié ici une autre culture qui lui est maintenant spécifique et qui se reflète très bien dans son vocabulaire. **En somme, il y a une manière québécoise d'utiliser le français.** Si nous parlons la même langue que les Français, nous n'utilisons pas toujours les mêmes mots et nous accordons à des mêmes mots des sens différents. Nous avons déjà, en partie, aménagé notre langue pour répondre aux besoins de la société moderne : création de nouveaux mots, normalisation de la terminologie, féminisation des titres de fonctions et des textes, rejets d'anglicismes acceptés en France, établissement d'un code typographique, etc.

L'importance socio-culturelle et la valeur symbolique du vocabulaire

La description de la norme du français québécois, c'est-à-dire du modèle valorisé par les Québécois, est pour nous la véritable assise du plan d'aménagement de la langue au Québec. Le français québécois standard correspond à l'expression des Québécoises et des Québécois quand ils écrivent bien. Il s'agit de Québécois scolarisés, jouissant d'un certain prestige et qui, aux yeux de tous, utilisent correctement le français d'ici. L'explicitation du bon usage se retrouve donc dans leurs textes : les principaux textes littéraires, la langue parlée soignée (de l'école,

La norme est le cœur du plan d'aménagement de la langue au Québec.

de la radio, de la télévision...), la presse écrite de qualité, la plupart des textes de l'Administration publique, du milieu scientifique, technique et politique, les manuels scolaires, les monographies de toute sorte, etc. Ces textes et discours doivent être exempts de particularismes familiers et critiqués. Les autres usages du français québécois, c'est-à-dire les niveaux de langue *familier, populaire*, etc., devront être décrits et hiérarchisés par rapport à ce français québécois standard.

La création d'un fonds québécois de données textuelles La réalisation de cette étape du plan d'aménagement de la langue nécessite d'abord la mise sur pied d'un vaste fonds de données textuelles (dont les exploitations pourraient être nombreuses). Seule la constitution d'un tel corpus permettra une description complète et exacte du français québécois. En effet, de tous ces textes de langue écrite et orale, on extraira le français québécois standard et tous les autres éléments (mots, sens, expressions, emplois, marqueurs...) nécessaires à la description complète du français d'ici.

Par ailleurs, nous avions déploré, dans notre premier volume, l'absence de données objectives et récurrentes sur la qualité de la langue. Les organismes de la Charte ont créé divers indicateurs pour évaluer l'évolution du français au Québec. Plus récemment, les auteurs de la *Proposition de politique linguistique* ont suggéré de mettre au point un nouvel indicateur de la langue d'usage public (*Proposition de politique linguistique* 1996: 60). Nous croyons qu'il est possible, et même essentiel, de mettre au point des indicateurs d'ordre qualitatif pour mesurer l'évolution de la qualité de la langue. La mise sur pied d'un fonds québécois de données textuelles, incluant des textes du français québécois standard provenant de discours différents et son enrichissement continuel, en vue de le rendre dynamique et représentatif, constituera un corpus idéal de nature à établir des mesures objectives sur l'évolution de la qualité de la langue au Québec. Dans ce sens, bien maîtriser la langue, au Québec, est la capacité pour une personne d'adapter son discours, avec un certain naturel, c'est-à-dire d'une manière claire et spontanée, aux diverses situations de communication. Cela suppose chez elle une maîtrise de la variation linguistique et une bonne connaissance de l'usage valorisé au Québec. Parallèlement, la qualité de la langue d'un texte reflète la conformité de celui-ci avec la norme socialement admise au Québec selon les circonstances, le public visé et le type de communication.

Pour arriver à décrire et à diffuser de façon adéquate et complète le français du Québec, nous voyons, comme premier moyen, la rédaction d'un dictionnaire. C'est le seul ouvrage de base où les usages linguistiques du Québec peuvent être hiérarchisés, et le français québécois standard, explicité. L'existence de ce français québécois standard justifie et appelle la rédaction d'un dictionnaire complet. Ce dictionnaire du français québécois de type général et normatif deviendra l'ouvrage de convergence nécessaire à tous les Québécois et Québécoises. Le dictionnaire, croyons-nous, est le seul ouvrage de référence commun et intégrateur qui existe dans une communauté linguistique.

La rédaction d'un dictionnaire général et normatif du français québécois

En outre, il sera un puissant outil d'intégration à la culture québécoise pour les immigrants et les anglophones qui acquièrent le français comme langue seconde ; ces derniers pourront trouver dans ce dictionnaire des explications et des citations correspondant vraiment à ce qu'ils lisent dans les journaux, les revues ou les livres d'ici tout en étant à même de faire le lien avec le français utilisé par les autres francophones. Il en sera de même pour les médias électroniques et pour la langue parlée courante qu'ils entendent.

Un ouvrage de référence commun et intégrateur

Rappelons enfin un constat énoncé dans le dernier bilan du comité interministériel sur la situation de la langue française au sujet des dictionnaires et de la norme au Québec :

L'analyse des dictionnaires les plus vendus ces dernières années montre bien qu'il y a en fait consensus implicite dans le public sur ce qu'est ou doit être la norme du français au Québec (Comité interministériel 1996 : 184).

Une fois établies clairement la hiérarchisation des usages et la norme du français québécois, il faut s'assurer du respect de cette norme, c'est-à-dire de la pratique quotidienne d'un français de qualité. Dans la conclusion de notre livre sur la qualité de la langue (p. 156 et suivantes), nous avons ciblé les principaux acteurs sociaux devant jouer un rôle public à l'égard de la diffusion d'une langue de qualité : l'État et l'Administration publique, le personnel des médias et des agences de publicité, les enseignants de tous les ordres et le milieu des entreprises.

La rédaction d'autres ouvrages de diffusion du français québécois standard

Tous ceux qui appartiennent à l'Administration publique

Nous avons aussi indiqué le rôle que chacun devait jouer pour promouvoir ce français de qualité. Nous sommes heureux de constater que le gouvernement actuel s'inscrit dans cette ligne d'action et qu'il considère lui aussi que l'État se doit d'exercer « un rôle exemplaire et moteur » (*Proposition de politique linguistique* 1996 : 55), donc d'utiliser un français de qualité. Les enseignants, quant à eux, ont le devoir de diffuser une langue de qualité : « L'école, de la maternelle à l'université, a la responsabilité d'assurer la diffusion et la connaissance de la forme standard de la langue, écrite et parlée, en langue générale et en langue de spécialité » (*Proposition de politique linguistique* 1996 : 69).

Mais, pour que la phase précédente du plan d'aménagement puisse se réaliser, tous ces intervenants doivent avoir en main les instruments nécessaires pour jouer leur rôle. Il leur faut des ouvrages de référence de qualité et fiables dans lesquels la hiérarchisation des usages sera clairement établie et le français québécois standard écrit parfaitement décrit. **Si l'ouvrage par excellence demeure le dictionnaire, d'autres instruments sont tout aussi nécessaires** ; nous pensons, par exemple, aux logiciels d'aide à la rédaction, aux dictionnaires électroniques de toute sorte, aux manuels scolaires et pédagogiques, aux ouvrages de vulgarisation scientifique, etc., et même à des sessions de formation linguistique adaptées aux besoins des différents intervenants. Mais ces outils font cruellement défaut à l'heure actuelle. Nous rappelons à cet égard une autre conclusion de notre premier volume : il est nécessaire de poursuivre et de systématiser les études sur la langue, et notamment sur la qualité de la langue (p. 157).

Un facteur d'intégration sociale et un accès à notre culture pour les immigrants

Enfin, nous prenons note avec une vive satisfaction de la volonté du gouvernement, récemment exprimée dans le document de consultation *Proposition de politique linguistique*, de redonner à la langue et à sa qualité toute son importance, comme nous l'y invitions à le faire dans notre livre sur la qualité de la langue. En effet, la promotion du français ne peut se limiter à des moyens d'ordre législatif. Une approche sociale de la langue doit en être le relais nécessaire. Il s'agit de créer un environnement dynamique et attrayant pour tous les citoyens et citoyennes. Pour cela, il faut reconnaître que **la langue française est au cœur de l'identité québécoise et qu'elle est aussi le fondement de la cohésion de la société québécoise.** Il faut souligner avec force l'importance de cette reconnaissance pour les immigrants et pour les minorités. Dans ce contexte, la langue n'est plus simplement un outil de communication, mais un facteur d'intégration sociale et un accès à toute une culture. L'apprentissage du français, langue commune, est donc aussi la voie de l'appropriation de la réalité québécoise, de son histoire et aussi de son devenir.

Si nous reconnaissons notre langue comme une variété nationale, si nous la décrivons, non plus dans sa marginalité par rapport à la francophonie, mais dans sa totalité, si nous la diffusons au moyen d'instruments de qualité et surtout si nous valorisons un usage de qualité dans les communications publiques et institutionnelles, **nous pourrons enfin mettre fin à l'insécurité linguistique qui caractérise depuis trop longtemps le peuple québécois.** À l'instar d'autres communautés linguistiques, les Québécoises et les Québécois doivent posséder une langue de qualité. Mais **ils doivent surtout être fiers de leur langue.** Cela devrait guider tout plan d'aménagement de la langue au Québec.

Qualité de la langue et exigence sont liées.

Nous croyons avoir ainsi défini un véritable plan d'action composé de mesures concrètes, précises et réalistes en matière d'aménagement de la langue. Ce plan doit s'articuler à celui du statut du français au Québec, l'un et l'autre se renforçant réciproquement. Enfin, nous sommes persuadés que tout plan, quelle que soit sa qualité, reste vain si la volonté politique n'est pas sans cesse réaffirmée, mais aussi appuyée par des soutiens appropriés aux actions planifiées ; il restera vain également si les Québécois et Québécoises ne deviennent pas **exigeants** en ce qui a trait à l'expression de leur langue. Dans le domaine de l'aménagement de la langue, *qualité* et *exigence* sont indissociables et la *qualité* ne pourra être rehaussée que si l'*exigence* l'est également. Nous ne pouvons enfin porter de jugement sur notre langue sans nous référer à une norme interne.

Bibliographie

ASSOCIATION QUÉBÉCOISE DES PROFESSEURS ET PROFES-SEURES DE FRANÇAIS. 1977. «Le congrès du dixième anni-versaire. Les résolutions de l'Assemblée générale» dans *Québec français*, n° 28, décembre, p. 10-12.

AUCLAIR, Robert. 1991. «La qualité de la langue et la féminisation du discours au Québec» dans XIVe Biennale de la langue française, Lafayette, Louisiane, 46 p.

AUGER, Pierre. 1981. «La normalisation terminologique au Québec et la problématique de la définition de la norme» dans les *Actes du colloque Les français régionaux*, Québec, Conseil de la langue française, Documentation, Québec, n° 9, p. 108-116.

AUGER, Pierre. 1984. «L'aménagement terminologique au Québec», texte non publié, Office de la langue française, 66 p.

AUGER, Pierre. 1988. «Identification linguistique des Québécois et dictionnaire général d'usage ou le comment du sentiment lin-guistique des Québécois en 1986» dans *Revue québécoise de lin-guistique théorique et appliquée*, Trois-Rivières, vol. 7, n° 1, jan-vier, p. 55-69.

BÉDARD, Édith et Jacques MAURAIS (présenté par). 1983. *La norme linguistique*, Québec—Paris, Conseil de la langue française — Le Robert, 847 p.

BIENVENUE, Jean. 1990. «La norme contre l'usage : "office" et "bu-reau" devant le tribunal du Québec» dans *Langue et identité*, pré-senté par Noël CORBETT, Québec, Les Presses de l'Université Laval, p. 353- 368.

BISSON, Monique. 1995. «Étude descriptive du français québécois standard», texte non publié, Université de Sherbrooke, 31 p.

BOISVERT, Lionel, Claude POIRIER et Claude VERREAULT (pu-blié par). 1986. *La lexicographie québécoise Bilan et perspecti-ves*, Langue française au Québec, 3e section, n° 8, Québec, Les Presses de l'Université Laval, 308 p.

BOISVERT, Lionel et Paul LAURENDEAU. 1988. «Répertoire des corpus québécois de langue orale» dans *Revue québécoise de linguistique, Montréal,* vol. 17, n°2, p. 241- 261.

BOUCHARD, Pierre. 1995. «L'implantation de la terminologie française au Québec : bilan et perspectives» dans *Présence francophone, Langue de spécialité,* Sherbrooke, Université de Sherbrooke, vol. 47, p. 53-79.

BOULANGER, Jean-Claude (1990). «Faudra-t-il dégriffer ou "regriffer" le futur dictionnaire québécois de la langue française?» dans *Actes du colloque sur l'aménagement de la langue au Québec, communications et synthèse,* Mont-Gabriel, 7 et 8 décembre 1989, Conseil de la langue française, p. 61-74.

CAJOLET-LAGANIÈRE, Hélène et Pierre MARTEL. 1993. «Entre le complexe d'infériorité linguistique et le désir d'affirmation des Québécois et Québécoises» dans *Cahiers de l'institut de linguistique de Louvain,* Actes du colloque de Louvain-la-Neuve, Louvain-la-Neuve, vol. I, p. 169-185.

CAJOLET-LAGANIÈRE, Hélène. 1994. «Attentes et besoins du public québécois en matière de dictionnaire de langue», communication présentée lors de la *Table ronde sur les marques lexicographiques,* Montréal, novembre, 12 p. (Actes à paraître).

CAJOLET-LAGANIÈRE, Hélène et Pierre MARTEL. 1995. *La qualité de la langue au Québec,* Québec, Institut québécois de recherche sur la culture, Diagnostic, n° 18, 167 p.

CAJOLET-LAGANIÈRE, Hélène et Noëlle GUILLOTON. 1996. «Féminisation, présence et pouvoir des femmes dans la société», communication présentée au congrès des Sociétés savantes du Canada, Université Brock, Ontario, 18 p.

CAJOLET-LAGANIÈRE, Hélène et Nomand MAILLET. 1996. *Lexiques spécialisés,* «Sélection et traitement prédictionnairique du vocabulaire technique d'orientation générale», communication présentée à l'ACFAS, Université McGill, 20 p.

CARDINAL, Pierre. 1992. «Genèse et développement de la lexicographie québécoise», communication présentée au Congrès de l'ACFAS, Université de Montréal, mai, 18 p.

COMITÉ INTERMINISTÉRIEL. 1996. *Le français langue commune. Enjeu de la société québécoise. Rapport sur la situation de la langue française,* Québec, ministère de la Culture et des Communications, 319 p. et 2 tomes d'annexes.

CONSEIL DE LA LANGUE FRANÇAISE. 1980. *Actes du colloque «La qualité de la langue... après la loi 101»* (octobre 1979), Québec, Conseil de la langue française, Documentation, n° 3, 244 p.

CONSEIL DE LA LANGUE FRANÇAISE. 1984. *Actes du colloque «Traduction et qualité de langue»*, Québec, Conseil de la langue française, Documentation, n° 16, 220 p.

CONSEIL DE LA LANGUE FRANÇAISE. 1990a. *Dix études portant sur l'aménagement de la langue au Québec*, Québec, Notes et documents, n° 76, 193 p.

CONSEIL DE LA LANGUE FRANÇAISE. 1990b. *Actes du colloque sur l'aménagement de la langue au Québec, communications et synthèse*, Québec, Notes et documents, n° 75, 109 p.

CONSEIL DE LA LANGUE FRANÇAISE. 1990c. *L'aménagement de la langue : pour une description du français québécois*, rapport et avis au ministre responsable de l'application de la Charte de la langue française, Québec, 65 p.

CORBEIL, Jean-Claude. 1980. *L'aménagement linguistique du Québec*, Montréal, Guérin éditeur, 154 p.

CORBEIL, Jean-Claude. 1981a. «Défis linguistiques de la francophonie» dans *Langages et collectivités : le cas du Québec. Actes du Colloque international du Centre d'études québécoises*, Université de Liège, Les Éditions Leméac inc., p. 269-281.

CORBEIL, Jean-Claude. 1981b. «Théorie et pratique de la planification linguistique» dans *Actes du V e Congrès de l'Association internationale de linguistique appliquée*, Montréal, Les Presses de l'Université Laval, p. 56-64.

CORBEIL, Jean-Claude. 1984. «Le "français régional" en question» dans *Cahiers de l'Institut de linguistique de Louvain. Langues et cultures, mélanges offerts à Willy Bal*, tome 9, 3-4, Louvain-la-Neuve, Cabay, p. 31-44.

CORBEIL, Jean-Claude. 1986. «Le régionalisme lexical : un cas privilégié de variation linguistique» dans *La lexicographie québécoise. Bilan et perspectives*, Langue française au Québec, 3e section, n° 8, Québec, Les Presses de l'Université Laval, p. 55-61 : et 293, 294.

CORBEIL, Jean-Claude. 1987. «Vers un aménagement linguistique comparé» dans *Politique et aménagement linguistiques*, Paris–Québec, Conseil de la langue française–Le Robert, p. 557-566.

CORBEIL, Jean-Claude. 1988. «Assumer ou taire les usages lexicaux du Québec» dans *Revue québécoise de linguistique théorique et appliquée,* Trois-Rivières, vol. 7, n° 1, janvier, p. 69-79.

CORBEIL, Jean-Claude. 1991. «Arrière-plan linguistique et sociolinguistique d'un dictionnaire du français québécois» dans *Revue québécoise de linguistique théorique et appliquée,* Trois-Rivières, vol. 10, n° 3, juin, p. 153- 159.

CORBEIL, Jean-Claude. 1994. «Les marques d'usage comme technique de description des aspects connotatifs du lexique», communication présentée lors de la *Table ronde sur les marques lexicographiques,* Montréal, novembre, 22 p. (Actes à paraître).

CORBETT, Noël (présenté par). 1990. Langue et identité. *Le français et les francophones d'Amérique du Nord,* Québec, Les Presses de l'Université Laval, 398 p.

DAOUST, Denise. 1982. «La politique d'aménagement linguistique du Québec : stratégies générales d'intervention», communication présentée lors du congrès Langue et société au Québec, Office de la langue française, 1982, 24 p.

DARBELNET, Jean. 1990. «Aperçu du lexique franco-canadien» dans *Langue et identité,* Québec, Les Presses de l'Université Laval, p. 303-316.

DESHAIES, Denise. 1984. «Une norme, des normes ou pourquoi pas autre chose» dans *Le statut culturel du français au Québec,* Actes du congrès Langue et société au Québec, tome II, p. 281-289.

DE VILLERS, Marie-Éva. 1990. *Francisation des entreprises,* Québec, Conseil de la langue française, Notes et documents, n° 74, 138 p.

DE VILLERS, Marie-Éva. 1994. «Les marques lexicographiques : des points de repère essentiels pour l'usage des mots», communication présentée lors de la *Table ronde sur les marques lexicographiques,* Montréal, novembre, 7 p. (Actes à paraître).

DRUON, Maurice. 1994. Lettre du Secrétaire perpétuel de l'Académie française adressée à son homologue belge, M. Jean TORDEUR, le 1er février, 2 p.

DUBUC, Robert. 1991. «L'anglicisme en question» dans *Circuits,* n° 35, décembre, p. 18-19.

DUGAS, Jean-Yves. 1988. «Bilan des réalisations et des tendances en lexicographie québécoise» dans *Revue québécoise de linguistique,* Montréal, vol. 17, n° 2, p. 9-36.

DULONG, Gaston. 1966. *Bibliographie linguistique du Canada français,* Québec, Les Presses de l'Université Laval, 166 p.

DUMAS, Denis. 1986. «Le traitement de la prononciation dans les dictionnaires» dans *La lexicographie québécoise. Bilan et perspectives*, Langue française au Québec, 3ᵉ section, nº 8, Québec, Les Presses de l'Université Laval, p. 259-266.

DUMAS, Denis. 1987. *Les prononciations en français québécois. Nos façons de parler*, Québec, Presses de l'Université du Québec, 155 p.

DUMONT, Fernand. 1995. Raisons communes, Montréal, Boréal, 255 p.

GADBOIS, Vital. 1994. «Les marques d'usage en lexicographie pour les étudiants et les étudiantes du collégial québécois», communication présentée lors de la *Table ronde sur les marques lexicographiques*, Montréal, novembre, 10 p. (Actes à paraître).

GAGNON, Lysiane. 1989. «Oui, mais quelle langue?» dans *La Presse*, samedi, 1ᵉʳ avril.

GAMBIER, Yves. 1994. «Officialisation de termes : perspectives et enjeux socioterminologiques» dans *Les actes du colloque sur la problématique de l'aménagement linguistique*, Office de la langue française, Québec, tome 1, p. 200-239.

GANDOUIN, Jacques. 1986. *Correspondance et rédaction administratives*, 8ᵉ éd., ent. rev. et mise à jour, augmentée, Paris, Armand Colin, 379 p.

GENDRON, Jean-Denis. 1966. *Tendances phonétiques du français parlé au Canada*, Québec, Les Presses de l'Université Laval, 254 p.

GENDRON, Jean-Denis. 1968. *Manuel de prononciation à l'usage des Canadiens français*, Québec, Les Presses de l'Université Laval, 264 p.

GENDRON, Jean-Denis. 1974. «La définition d'une norme de langue parlée au Québec : une approche sociologique» dans *Revue de linguistique romane*, tome 38, (Hommage à Monseigneur Pierre Gardette), p. 198-209.

GENDRON, Jean-Denis. 1986. «Existe-t-il un usage lexical prédominant à l'heure actuelle au Québec?» dans *La lexicographie québécoise. Bilan et perspectives*, Langue française au Québec, 3ᵉ section, nº 8, Québec, Les Presses de l'Université Laval, p. 89-101.

GENDRON, Jean-Denis. 1990. «Les arguments pour ou contre un projet de dictionnaire décrivant les usages du français au Québec» dans *Actes du colloque sur l'aménagement de la langue au Québec, communications et synthèse,* Mont-Gabriel, 7 et 8 décembre 1989, Conseil de la langue française, p. 31-43.

GUILBERT, Louis. 1976. «Problématique d'un dictionnaire du français québécois» dans *Langue française,* n° 31, septembre, p. 40-54.

GUILLOTON, Noëlle et Hélène CAJOLET-LAGANIÈRE. 1996. *Le français au bureau,* Québec, Les Publications du Québec, 4ᵉ édition, 400 p.

HAUSMANN, Franz Josef. 1986. «Les dictionnaires du français hors de France» dans *La lexicographie québécoise. Bilan et perspectives,* Langue française au Québec, 3ᵉ section, Québec, Les Presses de l'Université Laval, p. 3-19 et 20, 21.

JUNEAU, Marcel. 1977. *Problèmes de lexicologie québécoise. Prolégomènes à un Trésor de la langue française au Québec,* Québec, Les Presses de l'Université Laval, 278 p.

KLINKENBERG, Jean-Marie. 1993. «Dominantes et dominées. Le ou les français sur le marché des langues», conférence prononcée au colloque *Le français, une langue pour l'Europe,* Bruxelles, le 18 novembre, 17 p.

LAPIERRE, André. 1995-1996. «À propos du discours lexicographique québécois» dans *Travaux de linguistique et de philologie,* Mélanges de linguistique et d'onomastique sardes et romanes, Strasbourg-Nancy, Klincksieck, XXXIII-XXXIV, p. 233-246.

LAVOIE, Thomas. 1979. «Le projet d'Atlas dialectologique de la Société du parler français au Canada» dans *Protée,* automne, p. 11-44.

LAVOIE, Thomas et Claude PARADIS (dirigé par). 1988. *Revue québécoise de linguistique théorique et appliquée,* «Pour un dictionnaire du français québécois. Propositions et commentaires», Trois-Rivières, vol. 7, n° 1, janvier, 136 p.

LÉARD, Jean-Marcel. 1995. *Grammaire québécoise d'aujourd'hui. Comprendre les québécismes,* Montréal, Guérin universitaire, 237 p.

LEFEBVRE, Claire. 1984. «Une ou plusieurs normes» dans *Le statut culturel du français au Québec,* Actes du congrès Langue et société au Québec, tome II, p. 291-295.

LEFEBVRE, Gilles R. 1984. «Le problème de la norme linguistique au Québec, à la lumière des idéologies socioculturelles» dans *Le statut culturel du français au Québec*, Actes du congrès Langue et société au Québec, tome II, p. 275-280.

LOUBIER, Christiane et Louis-Jean ROUSSEAU. 1994. «L'acte de langage, source et fin de la terminologie» dans *Actes de langue française et de linguistique*, nos 7 et 8 (À paraître).

MARTEL, Pierre. 1984. «Concordances et divergences entre français fondamental et québécois fondamental» dans *Revue de l'Association québécoise de linguistique*, vol. 3, n° 3, mars 1984, p. 39-62.

MARTEL, Pierre. 1990. «La constitution d'un fonds de données linguistiques pour le Québec» dans *Actes du colloque sur l'aménagement de la langue au Québec, communications et synthèse*, Québec, Notes et documents, n° 75, p. 45-59.

MARTEL, Pierre. 1992. «La qualité du français du Québec vue et simplifiée par une «réviseur pigiste» dans *Le Devoir*, 23 juin, B8.

MARTEL, Pierre. 1993. «Quelles sont les suites à l'avis du Conseil de la langue française sur l'aménagement de la langue?» dans *Les actes du colloque sur la problématique de l'aménagement linguistique (enjeux théoriques et pratiques)*, Québec, Office de la langue française, Université du Québec à Chicoutimi, tome II, p. 405-428.

MARTEL, Pierre et Hélène CAJOLET-LAGANIÈRE (rédacteurs). 1994. *Actes du colloque sur les anglicismes et leur traitement lexicographique (septembre 1991)*, Québec, Office de la langue française, Études, recherches et documentation, suivis de *Bibliographie sur les emprunts à l'anglais et les anglicismes en français 1945-1993*, 382 p.

MARTEL, Pierre et Hélène CAJOLET-LAGANIÈRE. 1995. «Oui... au français québécois standard» dans *Interface,* vol. 16, n° 5, septembre-octobre, p.14-25.

MARTEL, Pierre. 1995. «L'orientation des principaux travaux en cours dans le domaine de la lexicologie du français québécois» dans *Dialangue*, vol. 6, Bulletin de linguistique, Université du Québec à Chicoutimi, mai, p. 57-61.

MARTIN, André. 1996. «La production terminologique : un aménagement de la langue ou un aménagement de son statut?» dans *Terminogramme*, Office de la langue française, Québec, Les Publications du Québec, n° 79, avril, p. 6-9.

MAURAIS, Jacques. 1986. «Régionalismes et langue standard» dans *La lexicographie québécoise. Bilan et perspectives*, Langue française au Québec, 3ᵉ section, Québec, Les Presses de l'Université Laval, p. 79 - 88.

MAURAIS, Jacques. 1993. «État de la recherche sur la description de la francophonie au Québec» dans *Le français dans l'espace francophone*, tome I, p. 79-99.

MERCIER, Josée. 1996. «Analyse prédictionnairique du vocabulaire de l'alimentation», communication présentée au colloque *Lexiques spécialisés*, ACFAS, Université McGill, 18 p.

MERCIER, Louis. 1992. *Contribution à l'étude du "Glossaire du parler français au Canada" (1930)*, thèse de Ph.D., Université Laval, novembre, 552 p. et 1 tome d'annexes.

NEMNI, Monique. 1993. «Le dictionnaire québécois d'aujourd'hui ou la description de deux chimères» dans *Cité libre*, n° 2, vol. XXI, avril-mai, p. 30-34.

NIEDEREHE, Hans-Josef et Lothar WOLF. 1993. *Français du Canada —français de France, Actes du troisième colloque international d'Augsbourg (mai 1991)*, Tübingen, Niemeyer, Canadiana romanica, n° 7, 256 p.

OFFICE DE LA LANGUE FRANÇAISE. 1994. *Les actes du colloque sur la problématique de l'aménagement linguistique (enjeux théoriques et pratiques)*, Université du Québec à Chicoutimi (mai 1993), tomes I et II, 692 p.

OSTIGUY, Luc et Claude TOUSIGNANT. 1993. *Le français québécois. Normes et usages*, Montréal, Guérin, 247 p.

PARÉ, Jean. 1993. «Une langue juste pour rire» dans *L'Actualité*, éditorial, 15 mars, p.10.

POIRIER, Claude. 1986. «Les avenues de la lexicographie québécoise» dans *La lexicographie québécoise. Bilan et perspectives*, Langue française au Québec, 3ᵉ section, Québec, Les Presses de l'Université Laval, p.269-280.

POIRIER, Claude. 1988. «Problèmes et méthodes d'un dictionnaire général du français québécois» dans *Revue québécoise de linguistique théorique et appliquée*, Trois- Rivières, vol. 7, n° 1, janvier, p. 13-45.

PROPOSITION DE POLITIQUE LINGUISTIQUE.1996. *Le français langue commune. Promouvoir l'usage et la qualité du français, langue officielle et langue commune du Québec*, gouvernement du Québec, Document de consultation, 77 p.

REY, Alain. 1983. «Normes et dictionnaires (domaine du français)» dans *La norme linguistique*, Paris–Québec, Conseil de la langue française–Le Robert, p. 541-569.

REY-DEBOVE, Josette. 1983. «Josette Rey-Debove : il ne faut pas mêler français et québécois» dans *Le Devoir*, 4 juin, p. 24.

SANTERRE, Laurent. 1990. Texte cité dans *L'aménagement de la langue : pour une description du français québécois*, rapport et avis au ministre responsable de l'application de la Charte de la Langue française. Québec, Conseil de la langue française, p. 29.

SIMARD, Claude. 1990. «Les besoins lexicographiques du milieu de l'enseignement du Québec» dans *Dix études portant sur l'aménagement de la langue au Québec*, Conseil de la langue française, Notes et documents, p. 25-51.

THÉORET, Michel, Inès ESCAYOLA et Isabelle LAVIGNE. 1996. «Analyse du contexte d'utilisation de quelques emprunts en vue de leur désambiguïsation automatique», communication présentée au colloque sur les *Emprunts*, ACFAS, Université McGill, 20 p.

THIBOUTOT, Sylvie. 1994. «Inventaire des pratiques en matière de marques d'usage en France, au Québec et ailleurs», texte distribué lors de la *Table ronde sur les marques lexicographiques*, Montréal, novembre, 117 p. (Actes à paraître).

VINCENT, Nadine. 1996. «Particularités du vocabulaire sociopolitique québécois», communication présentée au colloque Lexiques spécialisés, ACFAS, Université McGill, 20 p.

Table des matières

• Cap-Saint-Ignace
• Sainte-Marie (Beauce)
Québec, Canada
1996

« L'IMPRIMEUR »